ゆる〜い禅

一日一禅！今日からはじめる

枡野俊明

ワニブックス

とある朝…
どんより
あ、もう朝か…
○×駅
ダッシュ！
バタバタ
遅刻しちゃう!!

フラフラ
は！急ぎの電話忘れてた！
急ぎ！
00-0000-0000
TEL!!
こんな毎日もーいやだ……
ちょっとそこの人……
つらいときは「禅」ですよ
「禅」……!?

ブツブツ
ブツブツ
ブツ…
ブツブツ
ブツ…
いやいや
もっと身近な
ものもあるんです
よ！
むりむりー

たとえば…
朝、窓を開ける
靴をそろえる
帰りに季節のお花を買う
flower
どうぞー
ありがとう！
誰かにお茶をいれる
それならできそう！
私の毎日変わりますか!?
はい！ではさっそく朝の「禅」からお教えしましょう

はじめに

仕事や人間関係で悩んだり、不安を感じたり、ときには腹を立てたり……。そんな日々のなかにあっても、なんとか心穏やかでいたい。誰もがそう願っているのではないでしょうか。

そうであるならば「禅」です。禅の考え方、ふるまい方を毎日に取り入れれば、いたずらに心が騒ぐことがなくなります。

禅というと、厳しい修行やストイックな生き方を思い浮かべるかもしれませんが、そんなことはありません。禅はふつうの生活のあらゆる場面で活かすことができます。

たとえば、仕事に集中できないで、焦っているときなどにデスクの掃除をしてみる。これはまさに禅の実践です。禅では掃除をとても大切な心へのはたらきかけ、気持ちを前向きにする

ものとしているのです。

怒りを感じたときに深呼吸をして激した感情を鎮める。呼吸によって心を整えることは、禅が長きにわたっておこなってきた手法そのものです。

季節の花を部屋に飾って四季のうつろいを感じる。これもまた禅。季節のうつろいを感じながら暮らすのが、もっとも尊く、心を安らかにするものである、と禅では考えるのです。

禅は禅寺や修行道場のなかだけにあるのではありません。きわめて身近にあるのです。シンプルで清々(すがすが)しく、心穏やかな禅的生活は誰にでも、いますぐにでもできます。

本書はその〝手引き書〟です。さっそく、今日からはじめてみてください。

part.2 昼の禅 ～仕事～

part.3 昼の禅 ～人間関係～

part.4 夕方の禅

part.5 夜の禅

part.1

朝の禅

朝はその日一日の〝在り様〟を決めるとても大切な時間帯です。禅には朝のすごし方のヒントがいっぱい。取り入れることで、心に余裕が生まれ、充実した時間となります。いつもの「慌ただしい朝」がめざましく変わります。

最高の一日をスタートさせる「30分早起き」

一日のスタートである朝の時間のすごし方で、その日がどんな一日になるかが決まる。これは、禅の習慣のなかでも、一番大切なもののひとつです。朝、30分早く起き、やるべきことをやって充実した時間をもつと、身体も頭もスッキリ目覚め、心にも余裕が生まれます。出勤したときにはすでに態勢が整っていますから、すぐにも仕事に着手することができるのです。テキパキと仕事をこなしたあとのプライベートな時間も、心おきなく楽しめるものになるでしょう。

一方、ギリギリまで寝ていて朝を慌ただしくすごすと、せわしい気分をずっと引きずったままの一日になります。人生は一日、一日の積み重ねですから、一週間、一カ月、一年……と日を追うごとに両者の差は大きくなっていくのです。人生の充実感がまるで違ったものになる。「もう少し、眠っていたい！」という〝誘惑〟を断ちきるには、時間になったら、なにか考える前にとにかくスパッと身体（上半身）を起こしてしまうことです。

心地よい一日をつくる 朝のすごし方

扉、窓をすべて開けて、深呼吸

就寝中に部屋の空気は澱んでいます。目覚めたらまず、扉、窓を開けて新鮮な空気に入れ換え、大きく深呼吸しましょう。

2

5分坐禅をする

禅では朝一番に坐禅（暁天坐禅）をします。それで修行に打ち込む身心が整う。心得がある人はぜひ実践してください。

10分掃除をする

清々しい気持ちで朝をすごす秘訣は掃除にあり、です。心を注ぎ込んで、10分間、掃きましょう、磨きましょう。

4

朝食をゆっくり楽しむ

疎かになりがちな朝食をよく味わって、楽しくいただく。ゆったりと流れる"充実の朝"には欠かせないルーティンです。

「心のよりどころ」で気持ちを前向きに

部屋のどこかに心のよりどころをつくりませんか？　いまは仏壇がない家庭も多いようですが、それなら、両親や恩師、お世話になった大切な人などの写真や寺社で授かったお札でもいい。それを置く場所を設けて、毎朝、その前で手を合わせるのです。そして、素直な心で一日をはじめましょう。

かつての日本の家庭には仏壇や神棚があり、朝はその前で手を合わせてお参りをするのが習慣でした。「今日も元気に目覚めることができました。ありがとうございます。一日精いっぱいがんばります」。ご先祖様にそんなふうに語りかけたのです。ですから、できれば各家庭にお仏壇をお祀り（まつ）りしてほしいと思います。

仏壇は家族にとって「心のよりどころ」であったといっていいでしょう。「露（ろ）（なにも隠すところがなく、あらわになっている、という意味）」という禅語があります。誰もがその露に、すなわち、こだわりのない素直な心になれるのが、よりどころに向き合ったときなのです。

「心のよりどころ」いろいろ

写真やお札のほか、座右の銘や好きな言葉が書かれた書（禅では墨跡（ぼくせき）といいます）、もちろん仏像なども、よりどころとしてふさわしいといえます。感謝の思いで向き合うのがポイント。すると、心が自然に素直になってきます。

南向きに

よりどころは南向きに置きましょう。禅寺も正面が南向きに建っていますが、南はあたたかく、穏やかな場所です。

目線より高く

よりどころを置く場所は目線より高くしましょう。〝仰ぎ見る〟ことは、それを大切なものと感じていることのあらわれです。

心がスッキリする「10分掃除」

朝にぜひしていただきたいのが掃除です。「忙しい時間帯なのに掃除なんて!?」と思われるかもしれませんが、わたしが提案するのはわずか「10分」の掃除です。家には玄関、キッチン、リビング、トイレなどさまざまなスペースがあります。毎朝、それをひとつずつ順番に掃除していく。たとえば、月曜日は玄関、火曜日はキッチン、水曜日はリビング……といった具合です。

禅では掃除をその場所をキレイにするだけのものとは考えません。自分の心の塵(ちり)を払い、磨いていくものでもあると捉えるのです。基本は掃き掃除と雑巾がけ。リビングや寝室の床を掃く(掃除機をかける)のは、心の塵を掃き、清めること、玄関の三和土(たたき)やキッチンの床に雑巾がけをするのは、心を磨くことにほかなりません。掃除をしたあと、「ああ、スッキリした」と感じませんか? ほら、心の塵が払われ、磨かれているのです。さわやかな気分が朝の時間全体をさわやかなものにします。

見えないところほど丁寧に

掃除で一番大事なことは見えないところほど丁寧にするということです。部屋でいえば、高い棚の上やテレビやオーディオの裏側などは目につかない場所です。そんなところこそ丁寧に掃除しましょう。すると、部屋全体の空気感、清々しさが格段に違ったものになります。

ピカピカに磨き上げる

禅寺では毎朝、廊下の雑巾がけをしますが、廊下には塵ひとつ落ちているわけではありません。そこをさらにピカピカに磨き上げるのです。それは心を磨くこと。心磨きに「もう、これでいい、完了」ということはありません。そんな〝禅の心〟で毎朝の掃除に取り組みましょう。

まっすぐに置く

禅語にこんなものがあります。「脚下照顧（きゃっかしょうこ）」。履きものをそろえなさい、という意味です。履きものが乱れていても平気でいられるのは、心が乱れているからです。履きものはもちろん、リモコンや椅子などもあるべき場所にまっすぐに置くように心がけて、常に心を正していきましょう。

「穏やかに目覚める おかゆの朝ごはん」

朝食はパンとコーヒーですませている。通勤途中にファストフードを利用する。そんな人が少なくないのではないでしょうか。どちらも慌ただしいという感が否めません。朝食は自宅でしっかりとる。これも朝を充実させることにつながります。

禅の修行中の朝食はおかゆですが、その最大のメリットは身体にやさしいという点でしょう。前夜の食事で揚げものや消化のよくないものなどをとっていると、朝の胃は疲れています。休ませるという意味でも、胃に負担がかからないおかゆは朝食に最適といえます。

できれば、小さな土鍋でお米から炊きましょう。冷やごはんを使うのとでは味わいも香りもまったく違います。炊きたてのおかゆをフーフー冷ましながらいただくひとときは、心もあったかく、穏やかになります。この〝禅の朝ごはん〟、疲れがたまっているときにぜひ試してみてください。

つけあわせ

修行僧は、肉、魚などは食べませんが、一般の方は、焼き魚、昆布、のり、じゃこなどの佃煮、卵焼き、梅干し、漬けものなど、好みのものをチョイスして。

黒ごま＋塩

おかゆにピッタリなのが、炒った黒ごまを軽くすり、同量の塩と合わせたもの。これをおかゆにパラパラとかけていただくと絶品。禅の朝食の〝定番〟がこれです。

器

黒系の抹茶茶碗でいただくと、おかゆの白とのコントラストが美しく、おいしさが増します。おかゆをすくうスプーンも木製の漆塗りのものがおすすめです。

おかゆレシピ

1 前夜の作業

研いだお米をしばらく水につけて、水をきってラップに包み、冷蔵庫に入れておきます。

2 朝の作業

土鍋にお湯（米1対水7）を沸かし、お米を入れて沸騰するまでしゃもじでかきまわします。

3

弱火にして20〜30分。水気がとび、とろみが出てきて、好みのかたさになったら完成。

鏡を見て、服と心を整える

その日の自分の体調をチェックする、それも朝の大事な課題です。血色がよく気力が充実している日は、少しオーバーワーク気味でもがんばりがききますが、体調がいまひとつすぐれないというときは、無理せず、注意しながら一日を送る必要があるでしょう。体調がその日の行動の〝指針〟になるのです。

体調は表情にあらわれますから、毎朝、鏡を見てチェックする習慣をつけましょう。同時に服装チェックもおこなってください。服装は心の在り様を左右します。その日の予定に重要な商談があるときは、身だしなみを隙なく整える。そうすることで、心も引き締まり、その場にふさわしい臨戦態勢になります。

その日誰に会うかによって服装を考えることも必要です。たとえば、相手が年長者なら、スーツやネクタイ（女性はバッグ、アクセサリー etc.）は色合いもデザインも落ち着いたものにする。それが相手を思うこと、相手に心を寄せることです。

1

表情で
体調チェック

顔色はどうか、元気、活力を感じさせるか、疲労感があらわれていないか、目に力はあるか、などがチェックポイント。

2

服装で
おもてなし

相手の好きな色を服装のどこかにあしらう、「いいね」とほめられたアクセサリーをつける……。おもてなしの心です。

3

小物は調整役

女性はスカーフやヘアアクセサリー、男性はポケットチーフなどの着脱によって、華やかさが調整できます。

4

にっこり
笑顔で出発

鏡の前で最後に笑顔になりましょう。どんな人とも和やかな笑顔で接することは、禅語「和顔（わげん）」の実践です。

5

鏡は全身
映るものを

身だしなみは頭からつま先までチェックしましょう。鏡に全身を映して、チェックもれがないよう入念に……。

6

後ろ姿も
チェック

自分では見えない後ろ姿も他人はしっかり見ています。首筋、背筋がスッと伸びた美しい姿勢になっているか確認。

電車でイライラしないための禅

会社に出勤する前からストレスを感じているのが日本のビジネスパーソンかもしれません。ストレス源はいうまでもなく、混雑率が軒並み180%を超える首都圏を中心とした通勤電車です。

その〝苦行〟に耐えているだけではイライラが増すばかり。ここは禅の発想で気持ちを切り替えて落ち着かせ、心を整えるひとときに変えてしまいましょう。車内で「立禅（りつぜん）」「いす坐禅」をおこなうのです。といっても、本格的なそれはなかなか難しいので、ここでは坐禅の基本的な姿勢と呼吸を取り入れる簡単なやり方を紹介します。

立禅もいす坐禅も要領は同じです。まず、姿勢を整え、次に呼吸を整える。そのふたつが整うことで、自然に心も整ってくるのです。通勤電車内でも心は静まって、穏やかになります。時間は5分～10分程度で大丈夫。通勤電車のストレスを上手に解消しましょう。

前かがみになったり、
あごを出したりしない。

目線は斜め下、目は半
分閉じる（半眼）。

足の裏はしっかり床に
つける。

丹田（おへその下約7.5
センチ）を意識する。

心に平穏を取り戻す

いす坐禅

1 座席には背中を背もたれから離して浅くすわり、ひざが直角になるようにする。
2 背筋はまっすぐ伸ばし、下腹を前に突き出す感じで腰を立てる。
3 手は太ももの上に置き、鼻からゆっくり息を吐き、吐ききる。
4 吸うことは意識せず、自然に入ってくる息を下腹まで落とす。
5 この呼吸を5〜10分つづける。

周囲に惑わされない

立禅

1 背筋を伸ばし、腰を立てる。自分ではその姿勢をとっているつもりでも、多くの場合、前かがみになりがちなので、少し〝そっくり返る〟くらいの感覚でおこなうのがよい。
2 呼吸はいす坐禅とまったく同じ。
3 視界に移り動く窓外の景色が入ると、刺激を受けて呼吸に集中できないため、視線をはずす。

乗降がなく姿勢が保て
る走行中におこなう。

呼吸は〝ゆっくり〟〝深
く〟がポイント。

電車の揺れにまかせ、
身体に力を入れない。

頭に浮かんだ思いはと
どめず、放っておく。

通勤時間をムダにしない「気づき」トレーニング

ひと昔前に比べてすっかり様変わりしたのが、電車やバスの車内風景でしょう。いまはほとんどの人がスマートフォンや携帯電話に見入っているか、寝ているかで、かつてのように新聞や雑誌、本を読んでいる人はめったに見かけることがありません。

けっこう〝長い〟通勤時間のすごし方としてはもったいないと思うのです。たとえば、窓外の景色を眺める。自然は季節とともに変化しています。春には木々が芽吹き、開花しますし、秋になれば葉が色を変えていきます。「あっ、ずいぶん黄色が濃くなったなぁ」。そんな気づきは感性を刺激し、磨いてもくれるはずです。また、車内の雑誌や商品などの広告はアップ・トゥ・デイトな情報源です。そこから社会の動き、そのときどきの話題、時代の流れやトレンドが見てとれるでしょう。さあ、さまざまに観察眼をはたらかせて、通勤時間を有意義なものにしましょう。

文庫本を読む

気持ちが前向きになる、ものの見方、考え方、生き方の本がおすすめ。1項目1～2ページで完結するものにしましょう。

左／『いい言葉は、いい人生をつくる』(斎藤茂太著／成美文庫) 人生を楽しむ達人のエッセイ。
中央／『金子みすゞ名詩集』(金子みすゞ著／彩図社) 感性豊かな93編の詩。
右／『禅、シンプル生活のすすめ』(拙著／三笠書房) 禅的生き方のコツ。

車窓から景色を見る

窓外の自然の変化に気づくことは、季節を感じながら生きること。それは日本人が古来、もっとも尊いとしてきた生き方です。街並みや建築物の変化は、その地域が歴史のなかで移り変わっていく様を垣間見せてくれて、どこか感慨を呼び起こします。

人や広告を観察する

乗客ウォッチングはファッションや話題のトレンドを知る格好の手がかりです。人や広告を見て、なぜそのような行動をするのか、なぜその商品がヒットしているのか、その背景を考えてみるのもいいでしょう。ヒット商品はいつも時代を映す鏡です。

たまにはひと駅分歩いてみる

いつも利用する駅（停留所）を通りすぎて、たまにはひと駅分歩いてみてはいかがでしょう。ふだん歩かない場所には思わぬ発見や新たな気づきがあるものです。香ばしいかおりの先に手づくりパン屋さんを見つけたり、小鳥のさえずり、蝉の声、川のせせらぎなどが聞こえてきたり、道端に咲く小さな花に出会ったり……。

禅では自然界に存在するものには「真理」がそのままあらわれている、と考えます。ですから、それら（小鳥のさえずり、蝉の声、小さな花 etc.）に気づくことは真理に気づくことにほかなりませんし、その気づきに人としての喜びもあるのです。

大切なのはイヤホンで音楽を聴くなどの〝ながら〟をやめて、歩くことだけに集中すること。五感を全開にして、たくさんの真理に気づき、喜びを全身で感じましょう。

公園が
あったんだ！
PARK
花が
咲いてる！
今日は
体が軽い！
NEW
OPEN
カフェが
できてる!!

雨の日を楽しむ

朝目覚めたら外は雨模様。そこで、「ああ、憂うつだなぁ」という思いになる人が少なくないかもしれません。こんな禅語があります。「日々是好日（にちにちこれこうにち）」。どんな日もかけがえのないすばらしい日である、という意味です。雨の日だってすばらしい。その日だからこそ楽しめることがいくつもあります。

おしゃれを楽しむこともそのひとつ。いまは傘も、レインコートも、レインシューズも、レインハットも、素敵なものがたくさんあります。コーディネートを考えて、それらのグッズを選ぶのも楽しいですし、お気に入りで装って出かけたら、気持ちは沈むどころか、心が弾むような気がしませんか？

レインシューズなら足元を気にせずに、舗道の水たまりにもジャブジャブ入れて爽快ですし、雨の日の風景にはしっとり落ち着いて、どこか静けさを感じさせる風情があります。雨滴に濡れた植物の葉の緑も、いつまで見ていても見飽きることがない美しさです。

お気に入りのレイングッズを準備

廉価なビニール傘でも機能的には問題なし、ですが、雨の日を楽しむにはやはり〝力不足〟。一日をたっぷり使ってショップを何軒かまわり、じっくり吟味して、自分の好みの色、デザイン、テイスト……のレイングッズ一式をそろえましょう。雨の日が待ち遠しくなります。

水たまりに映った景色を楽しむ

富士五湖には水面に富士山が映るスポットがそれぞれあります。いわゆる〝逆さ富士〟の見所ですが、日本人にはもともと水に映った景観を楽しむという美的感覚が備わっているようです。水たまりに映るビル群や街並み、家並みは、ゆらゆらと揺らいでいて、独特の味わいです。

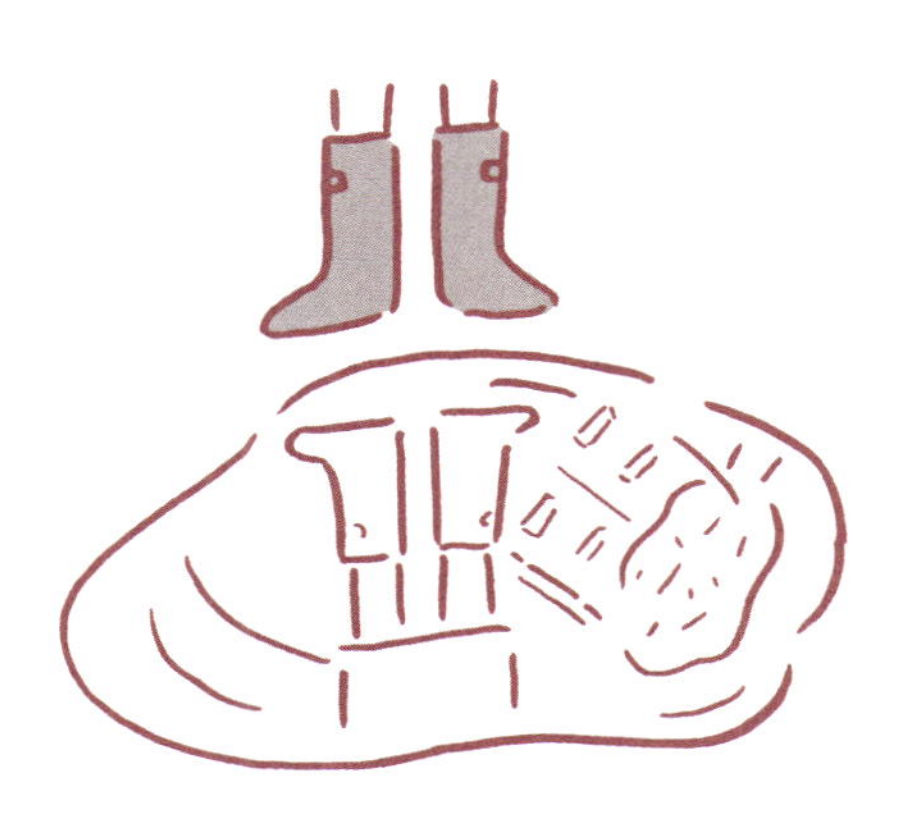

雨に濡れた植物を愛でる

ちょうど梅雨の季節が見頃となる紫陽花や菖蒲は、雨に濡れた姿がもっとも美しく、趣があります。際立つ時機を心得て花開く。みごとな〝天の配剤〟といっていいでしょう。眺めていると心が清々しくなる。しばし立ち止まって、清らかさにひたる時間をもちませんか？

朝の坐禅会に参加する

心を静かに、穏やかに整える。そうするうえで坐禅にまさるものはありません。坐禅は三つの要素から成っています。「調身」「調息」「調心」です。身体（姿勢）を整えることで、息（呼吸）が整い、さらに心が整っていく。この流れは禅の祖師方が厳しい修行のなかで、体験的に見つけ出したものです。

いきなり心を整えるのは難しくても、姿勢や呼吸は自分の意志で整えることができます。それが心を整えることにつながるという、この〝発見〟はまさしく禅の智慧といっていいでしょう。

朝の坐禅会を開いている禅寺が各所にあります。一度、参加してみませんか？　禅僧の手ほどきを受けてコツが身体でわかったら、いつ、どこででも坐禅をして、心を整えることができます。実施している禅寺は以下※で検索できます。

※曹洞禅ナビ　http://www.sotozen-net.or.jp/searchsystem_zazen
臨黄ネット　http://www.rinnou.net/cont_02/zen_info.html

坐禅のしかた

1 足を組む

坐禅専用の「座蒲」を使用するのが一番よいが、家庭でこれにかわる方法として、二つ折りにした座布団にお尻をのせ、足を組む。右足を左の腿の上に深くのせ、次に左足を右の腿の上に。ポイントは両ひざとお尻の3点で身体を支えること。上半身は背筋を伸ばし、腰を立てる。

2 手を組む

右手の指の上に左手の指が重なるようにのせ、左右の親指が軽く触れ合うように組む。組んだ手は下腹部にのせる。肩の力を抜き、脇を自然に開ける。

口から吐ききる「欠気一息」は邪気を出すため。

頭頂と尾てい骨が一直線になる意識ですわる。

坐禅は通常40分。最初は10分からでOK。

この手の組み方を「法界定印」と呼びます。

3 上半身を左右に揺らす

上半身を振り子のように左右に動かす。はじめは振り幅を大きく、次第に小さくしていって、一番安定して、感覚的にしっくりくる位置を探す。

4 目線とはじめの呼吸

目線は前方約1メートル下に向け、目をかすかに開ける（半眼）。口から大きく息を吐き出し、吐ききったら、空気が入ってくるのにまかせる。この口呼吸を2〜3回おこなう。

5 丹田呼吸をする

丹田（おへその下約7・5センチ）から出すつもりで、鼻からゆっくり息を吐ききる。吸う息は入ってくるのにまかせ、丹田まで落とすように。この呼吸をつづける。

禅語でほっとひと息

鶏寒上樹鴨寒下水

とりさむくしてきにのぼりかもさむくしてみずにくだる

ニワトリは寒いと樹の上にのぼります。
カモは寒いと水の中に潜ります。
人もそれぞれ自分に合った
やり方を見つけることが大切です。

ニワトリは
寒いと樹にのぼる

カモは寒いと
水に潜る

わたしは…

part.2

昼の禅 〜仕事〜

やる気、元気、勇気をもって仕事に取り組む。そのための大きな力になるのが、ほんのちょっとした禅の発想や行動です。煩わしさやめんどう、苦手や失敗が、たちまち払拭される〝不思議〟を身をもって体感してください。

「やる気スイッチをONにするデスクの片づけ」

出勤してデスクにすわったら、ただちにその日の仕事をスタートさせる。それが理想ですが、なかなかやる気スイッチが入らないことがあります。もしかすると、原因はデスクまわりかもしれません。資料や書類、文房具類など前日の仕事で使ったものがデスクに所狭しと並んでいる。これでは片づけからしなければなりませんから、やる気もそがれてしまいます。

その日の仕事を終えたら、デスクまわりは片づける。翌日いち早くやる気スイッチをONにするポイントがこれです。さらに、スッキリ片づいているデスクの上を拭いてキレイにすれば、やる気はフル充填（じゅうてん）です。

文房具や備品については〝番地（置く場所）〟を決め、使い終わったら、必ずそこに戻すようにするのがいいでしょう。じつはこれは禅寺方式。掃除用具でもなんでも、常に決まった場所にあるため、探す手間がかからず、使い勝手が格段にいいのです。

朝、デスクがキレイなら…

デスクがスッキリ片づいているということは、仕事に取り組むための準備態勢が万全に整っているということです。ですから、気分は清々しいものになりますし、高い意欲をもって仕事に着手できるのです。

朝、デスクが汚かったら…

ゴチャゴチャと散らかっているデスクの前にすわったら、「ああ、これじゃあ、片づけないことには、仕事をはじめられない！」という思いになりませんか？　気持ちのうえでも、実務的にも、大きく出遅れてしまうのです。

「めんどうな仕事を最速で終わらせる方法」

自分が手がける仕事も一様ではありません。難なくこなせるものもあれば、〝やっかい〟〝めんどう〟だと感じるものもあるでしょう。たしかなことは、それが自分の仕事であるかぎり、いずれにしても、やるしかないということです。

そうであれば、めんどうな仕事から仕上げてしまう。それが鉄則でしょう。めんどうな仕事は、あとまわしにすればするほど、気持ちの負担になってきます。しかも、午後から夕方になれば、身体も頭も疲れてきます。コンディションは悪くなるばかりです。

身体も頭もフレッシュで気力もある午前中に、少々時間がかかっても、なんとしてでもやってしまえば、達成感と充実感がもてますし、その余勢を駆って、次の仕事もテキパキとこなすことができるはずです。

「先憂後楽（せんゆうこうらく）」という言葉もあります。「めんどうこそ、まず引き受ける」。それを自分の仕事のルールにしましょう。

「とりあえず はじめてみる」ための5か条

1 70点を目指す

100点を目指すと、つい考えすぎて、なかなか動き出せません。合格ラインの70点で「よし」として、すぐはじめましょう。

2 直感にゆだねてみる

手順、段取りにこだわりすぎると前に進めません。そのときのひらめき、直感にしたがって一歩踏み出すことが大切です。

3 やる気を出しすぎない

やる気は必要ですが、出しすぎるとしばらくして反動で一気にしぼんでしまいます。少し抑え気味で持続させましょう。

4 メモしておく

いま進めている仕事でなくとも、思いついたときポイントや展開をメモしておくと、着手してからの流れがスムーズに。

5 疲れたらすぐ休憩

「疲れていてもがんばる」のは無理です。能力、体力、気力全開でがんばるための源泉は休憩です。休む勇気をもちましょう。

すぐやる習慣を身につける

仕事でもその他のものごとでも、慎重に進めるのはいいことでしょう。しかし、それにも〝ほど〟があります。「石橋を叩いてわたる」ということわざがありますが、なかには石橋を叩きつづけているだけで、いっこうにわたらないという人もいる。それではなにもはじまりません。禅は「禅即行動(ぜんそくこうどう)」という言葉があるくらいで、とにかく、やることが大切だとしています。

いくら考え抜いて、計画を立てたとしても、計画そのままに運ぶことはまずありません。すぐやってみる、一歩踏み出してみると、なんらかの結果が出ます。次にどう行動するかは、その結果を踏まえて決まるのです。

かりに結果が思いどおりのものでなかったら、それに合わせて修正すればいいですし、それが次にとるべき正しい行動なのです。

手をつけるのを先送りにすれば、どんどん嫌だ、苦痛だ、という思いがふくらみます。やって結果を得る。その繰り返しでしか、ことは成就しないのです。

上司への報告

上司への報告は出社したらただちにおこなう習慣をつけましょう。報告を受けた上司からは指示やアドバイスがあるはずですが、朝一番でそれがもらえれば、すぐにもそれを踏まえた対応ができます。

嫌な仕事

好きな仕事、嫌な仕事という分別(判断)をしないのが禅です。あるのはいつだって〝自分がすぐにやるべき仕事〟なのです。その発想で仕事に向き合ってみると、違った景色が見えてきます。

領収書の整理

後まわしにされがちな作業の代表が領収書の整理です。毎日は無理でも、その週内には確実にやるようにしましょう。たとえば、金曜日を〝整理日〟と決める。一週間分なら5分もあれば完了です。

突然の頼まれごと

大切なのは自分の仕事のペースを守ることです。安易に頼まれごとを引き受けてペースを乱すのは考えもの。「30分ほどで手があきますから、そのあとでよければ……」など配慮ある対応をしましょう。

「メールチェックは一日3回だけ」

ビジネスパーソンには一日に何本もメールが入ります。すぐに返信するのが望ましいでしょうが、入るたびにチェックして対応していたのでは、集中して仕事ができません。

チェック時間を決めたらいかがでしょう。たとえば、出社後すぐに1回、午後一番に1回、退社前に1回、といった具合です。一日に3回チェックをすれば、大量にメールがたまってしまうこともありませんし、必要な対応をするのにそれほど時間はかからないでしょうから、返信を翌日に先送りすることにもならないと思います。

送信した側もその日に返信があれば、「すばやい対応をしてくれた」と受けとってくれるのではないでしょうか。緊急の対応が求められる案件は、当然、電話で連絡が入ることになるはず。メールという通信手段の〝性質上〟からも、一日3回のチェックに決めてしまいましょう。

気持ちを伝える ちょっとしたメールの心配り

話し言葉より少し丁寧に

メールでのやりとりはこちらの顔が見えません。相手には言葉だけが受けとられます。そこで重要になるのがその選び方です。ポイントは「話し言葉より少し丁寧に」ということ。「お世話になっております」より「いつも大変お世話になっております」でいきましょう。

誰に対しても同じ態度で

ビジネスには少なからず〝上下〟の関係があります。親会社、下請け、取引先……。どんな関係であっても、メール対応は同等にするのがビジネスパーソンの心得です。下請け会社には居丈高であったり、親会社にはへりくだったり。こんな使い分けはNGです。

フルネーム＋さま

メールの宛名に相手の「姓」だけを書いている人が多いような気がします。しかし、「山田さま」と「山田太郎さま」では印象が違います。自分が尊重されている感じがするのは、やはりフルネームではありませんか？ 敬称は「さま」と平仮名でやわらかさを出して。

自分に向いている仕事を知る

誰にでも〝得意〟と〝苦手〟があります。仕事ももちろんそう。自分に向いていて得意な分野の仕事が与えられたときは絶好のチャンスです。それを活かすためのキーワードが、「上司の期待以上に仕上げる」です。

いい仕事をしてくれた、と上司が受けとめたら、次にその分野の仕事が発生したときに、「これは彼（彼女）にまかせよう」ということになります。得意な仕事をどんどんまかされる、という好循環が生まれるのです。

苦手を克服するのは並大抵のことではありませんが、得意分野なら努力するのも楽しいですし、10の努力をすれば、それが、12、13の成果をもたらすことにもなります。

ただし、自分に向いている仕事、得意分野を知るには、体験しかありません。新入社員のうちは選り好みせず、どんな仕事にも全力投球する。そのなかで〝得意〟が見えてきます。

あなたに向いている仕事はどれ?

社交力が役立つ
広報

こまやかな気配りの
秘書

センスあふれる
クリエイター

人とたくさん会う
営業

アイディア豊富な
イベント企画

コツコツまじめな
研究者

職場のムードメーカー
宴会部長

情報収集力必須の
マーケティング

苦手な仕事は人頼みがいい

仕事にはさまざまなプロセスがあります。たとえば、プレゼンテーションの資料を作成するというケースでも、必要なデータを集める、説明文を書く、ビジュアル展開する……といったプロセスがあるわけです。

そのなかには自分が苦手なものがあるかもしれません。「ビジュアル作成はどうも苦手」ということなら、そこはその分野が得意な人に頼んだらいいのです。ただし、頼み方には工夫が必要です。「〇〇さんのビジュアル感覚はすごいなぁ。これなら見た人が納得します。到底、マネできないですよ」。これが前ふり。そう、その人の技倆（ぎりょう）、能力をほめるのです。もちろん、おべんちゃらではいけません。自分がほんとうに認めていることが前提です。

そのうえで、「プレゼン資料のビジュアルをお願いできないかなぁ」と申し出れば、「ＯＫ」が出るのはほぼ確実でしょう。〝得意＋得意〟のチームワークが仕事の完成度を飛躍的に高めます。

新しい仕事がきた

情報収集の得意な
Aくんが話を聞く

パソコン作業の得意な
Bくんがプレゼン資料作成

プレゼンならおまかせの
Cさんが発表

チームワークのおかげで大成功!

頭のコリをときほぐす呼吸法

人の集中力の持続時間は30分とも1時間ともいわれます。そうとはいえ、30分や1時間仕事をするごとに、休憩時間をとるのはあまりにも非現実的。けれども、深呼吸をする時間ならとれるのではないでしょうか。

すでにお話ししましたが、呼吸を整えると心が整います。心が整ったら頭のコリもほぐれるのです。

とくに、自然を感じながらする深い呼吸は、その効果をいっそう高めてくれます。近くに公園や緑がある庭園などがあったら、昼休みなどにそこに行って、大きく深呼吸をしてみてください。適当な場所がない場合は会社の屋上でもいい。外気のなかに立つと季節も感じられますし、深呼吸をすることで脳の血液の巡りもよくなります。息を吐くときは、息とともに身体にたまった疲れを外に吐き出す意識をもつといいでしょう。

オフィスに戻っていても坐禅（25ページ参照）をするのも、またたのし、です。

「丹田呼吸」の方法を覚えておきましょう。丹田は正式には「臍下丹田（せいか）」といい、おへその下二寸五分（約7.5センチ）の位置をさします。丹田には身心の〝精気〟が集まるとされます。ここから吐き出し、吸った息をここまで落とすのが丹田呼吸。それによって精気がリフレッシュされ、身体も心もほぐれるのです。禅が伝えてきた最高のリラックス法です。

ちょっと休憩

「二者択一のときは「縁」と「新」」

仕事では選択を迫られる場面が何度となくあるでしょう。たとえば取引相手として新規参入者が好条件を提示してきた。会社の利益を考えれば、そちらに鞍替(くらが)えするのが得策かもしれません。

しかし、禅は「縁」をとても重んじています。それまで長く取り引きがあったということは、その相手とご縁があったということなのです。目先の損得勘定にとらわれてご縁をないがしろにした結果、好条件が履行されない、仕事のクオリティが低い、といった想定外の事態にみまわれることだって考えられます。ご縁で結ばれている相手との間には、安心感、安定感があります。

どんな商品、サービスを提案するかも悩みどころでしょう。選択する際には、いま隆盛をきわめている分野ではなく、産声をあげたばかりの新たな分野に目を向けたらいかがでしょう。新分野はまだまだ競争相手も少ないため、その仕事の第一人者、エキスパートになれる可能性がずっと高いのです。

知人からの紹介

信頼できる知人からの紹介は尊重しましょう。それこそまさに縁の広がりです。知人といい関係にあるということは〝良縁〟で結ばれているということです。禅では良縁は連鎖すると考えます。

最初に連絡をくれた

仕事のオファーが複数あった場合、どれを引き受けるかを条件だけで判断するのは考えもの。最初に連絡をくれた相手との縁を大切に仕事をすることで、さらに縁は深まり、広がります。

新

これまでにないもの

ヒットしている商品やビジネスモデルの後追いをしても〝先駆者〟には勝てません。誰もが「あったら便利」「あれば楽しい」と感じていて実際にはないもの。目のつけどころはそこです。

他の人がいない分野

商品には想定しているメインの顧客があります。そのメインからはずれた分野に可能性があります。たとえば、メインとは別の世代を狙う。シニア向けスマートフォンなどはその好例でしょう。

「10時と3時のリフレッシュタイム」

一日の仕事時間は通常8時間。デスクワークの場合、その間ずっとデスクにへばりついていたら、気分も澱んできますし、仕事の効率だってあがりません。リフレッシュタイムをつくって、気分転換をはかりましょう。

階段には踊り場があります。そこでひと息つくから、長い階段も昇っていくことができる。延々と階段がつづいていたら、嫌気がさして昇る気力も萎えてしまいます。リフレッシュタイムはその踊り場と同じです。

10時になったら、屋上に出て、周囲の風景をボーッと眺めてはいかがでしょう。そんな〝無為の時間〟が心にも身体にも、清新な風を吹き込みます。

午後3時には仕事の手を休めてお茶をいれ、ゆったりと味わう。禅はお茶を飲むときはそのことだけに集中しなさい、と教えます。頭を空っぽにして、ただ、お茶のおいしさだけを心いっぱいに感じるのです。そのすぐれたリフレッシュ効果を、ぜひ、体感してください。

リフレッシュするには外の空気に触れるのも有効。可能なら社外に出てミニ散歩をするのもいいですし、屋上で風に吹かれながらぼんやり景色を眺めるのもいいでしょう。

コーヒーブレークでもそのことだけを楽しむ〝流儀〟を忘れないでください。気心の知れた仕事仲間に会いに行って、軽〜く情報交換をするのも気分を変えてくれそう。

ちょっと休憩

午後の仕事に備えるリセットランチ

決まった人と決まった店でいくつかの定番メニューを順に食べる。それがビジネスパーソンの一般的なランチタイムでしょうか。少し〝改革〟しませんか？

その一は新しい店に行く。店内の雰囲気やはじめて口にする料理など、話が盛り上がって活気あるランチタイムになり、午後に向けて鋭気が養われるでしょう。

その二は旬のものを食べる。日本は四季折々に旬の食材があります。たとえば、きのこのソテーをいただきながら、「ああ、今年も秋がやってきたなぁ」と感慨に浸ることは、季節を味わうことにほかなりません。食事に対する感謝の思いも湧いて、充実した素敵な時間となりそうです。

そして、その三はランチの時間に情報交換をする。たまには他の部署の人を誘ってみてはいかがでしょう。営業の人がもっている情報は、企画や商品開発のヒントになるはずですし、クリエイティブな部署の人の話は、営業にも活かせるはず。社内の〝異部署交流〟をぜひ、実現してください。

旬の食材

青葉のころのカツオ、盛夏のウナギ、秋のサンマ、冬の牡蠣……。やはり、旬の食材は食欲をそそりますし、心身の元気の〝源〟でもあります。

他の部署の人と情報交換

セクショナリズム（なわばり意識）が社内の風通しを悪くします。他部署の人と交流して情報を共有すると、社全体のチームワークがよくなります。

さりげなく仕事の話題

仕事が主体のビジネスランチではなく、食事を楽しむことに重きを置くのが鉄則。気負いがないことで、ユニークな発想や意見が飛び交いそうです。

プレゼン前の緊張対策

クライアントの前でプレゼンテーションをする。緊張しそうな場面ですが、備えあれば憂いなし、です。あらかじめ先方から出そうな質問を想定して、答えを準備しておくのです。プレゼンの現場を想像しながら、こんな質問がきたら、こう答えよう、この点を聞かれたら、こういうふうに説明をしよう……とシミュレーションをしましょう。入念な〝リハーサル〟をしてから本番に臨めば、緊張感はグッと緩和されます。

副案（代案）を用意しておくのも有効です。提出した案に先方が〝のらない〟ことも考えられます。そんな空気になったら、「じつは、このような方向も考えているのですが……」と副案に切り替える。手持ちの案がもうひとつあれば、気持ちにも余裕が生まれます。

プレゼン直前には深くおなかから呼吸をして、鏡で表情をチェック。好感度の高い和やかな顔に整えて、いざ、出陣です。

本当に売れるのかね？
他の柄がいいなあ
こちらのデータによると‥‥
こちらはいかがでしょう
サッ

「最終ジャッジは相手にゆだねる」

プレゼンを採択するかどうかは、もちろん、相手が決めることです。こちらができるのは、提出している案を相手に充分に理解してもらうこと。それ以上でも、それ以下でもありません。

理解を深めていただくうえで効果的なのが「対機説法(たいきせっぽう)」。これは教えを説く際にお釈迦様がもちいられた手法ですが、相手に合わせて、言葉を選び、話し方を考えて、説明するということです。

相手が若い世代中心なら、少しくだけた話し方でジョークを交えてもいいでしょうし、経験豊かなお歴々であったら、礼を失しないことをまず、念頭に置く必要があるでしょう。また、喩(たと)えを交えると理解度が増します。たとえば、「みなさん、恋人と初デートのときは、ワクワクしたと思います。そんなワクワク感をこの商品で感じてもらいたいのです」といった具合。

全力を尽くしたら、無理押しはせず、最終ジャッジは相手にゆだねましょう。

プレゼンは相手に合わせて

「謝罪は賞味期限が切れる前に」

仕事にミスはつきものです。それが仕事相手に迷惑をかけたり、相手を怒らせたりすることもあるでしょう。ここは謝罪するのが当然です。知っておいていただきたいのは、謝罪には賞味期限があるということです。いつが期限か？「ただちに」が答えです。

たいした迷惑ではないし、こんなことはおたがい様だから、といった勝手な判断は禁物です。ミスがわかったら可及的速やかに相手の元に出向き、謝罪をする。「面授（めんじゅ）」という禅語があります。大切なことは師と弟子が向き合い、顔を見合わせて授けるものである、という意味ですが、謝罪についてもその態度が求められます。相手の前で深々と頭を下げる。それにまさる謝罪はありません。

相手が遠方の場合は、電話で謝意を伝えた後、すぐに直筆で手紙を書きましょう。弁解じみた文言は絶対に書かないこと。なお、メールは使用不可。事務的にすぎるメールではお詫びの心は伝わりません。

こんなときに読みたい禅語

歩歩是道場
［ほほこれどうじょう］

修行は禅寺など特別な場所でのみおこなわれるものではありません。いつでも、どこにいても、どんな状況でも、そこがみずからを磨く修行の場と心得ましょう。仕事の失敗も学びにつながります。

非思量
［ひしりょう］

「思いをとどめない」こと。考えすぎず、ありのまま向き合うことが悩みから抜け出る妙法。失敗はなにかと頭に浮かんできますが、無理に忘れようとせず、そのままにしておけば自然と消えていきます。

身心一如
［しんじんいちにょ］

身体と心は常に一体で切り離せないものである、という意味です。つまり、一挙手一投足の所作が心にも影響するということ。心に曇りがあるときは、掃除をしたり、背筋を伸ばして気持ちを整えましょう。

動中静
［どうちゅうのじょう］

騒がしい日常のなかにあっても、それに惑わされることなく、自分の内面を静かに見つめ、心を落ち着かせることが大切である、という意味。どこにいても、なにがあっても、平常心を保ちましょう。

失敗を踏み台にする

失敗したら誰でも落ち込みます。大切なのは落ち込みのあと、どう行動するかです。いくら悔やんでもすんでしまったことはやり直しがききません。ですから、失敗は自分の責任として謙虚に引き受け、謝罪すべき相手にはきちんとそれをする。その後、失敗の原因を明らかにすることです。

たとえば、アポイントをうっかり忘れてしまった。その原因はすぐにスケジュールを手帳に書き込まなかったことにあった……。原因がわかれば、それ以降はアポイントをとったらその場でスケジュールを書き込むようになるでしょう。それも広い意味で仕事のスキルが上がることです。失敗が自分を成長させる踏み台になっています。

交渉がうまくまとまらなかったというケースでも、着手段階から最終段階までのプロセスのすべてが失敗だったということはあり得ません。どこが失敗だったかをあぶり出しておけば、二度と同じ失敗を繰り返すことはなくなります。

元気を出すためのちょっとした気分転換

甘いお菓子を
食べる

いつもより
いいコーヒーを飲む

1曲だけ
楽しい音楽を聴く

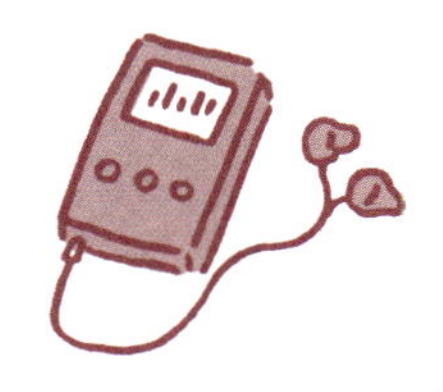

好きな香りを
かぐ

ちょっとだけ
お昼寝

「理不尽も前向きに引き受ける」

世の中には理不尽と感じることがあるものです。必死で取り組んで成果をあげた仕事を上司が自分の手柄にした。自分のミスではないのに責任を押しつけられた。指示通りにしたのに結果が得られなかったことで、上司にこっぴどく叱責された……。

腹が立つ状況ですが、心を乱さないでいましょう。こんな言葉があります。「お天道様が見ている」。自分が正しいことをしていれば、たとえ誰も見ていないと感じられても、お天道様が見ているのだから、いつか、必ず、そのことが明らかになる、ということです。その心づもりでいたら、理不尽も前向きに引き受けられませんか?

「人を相手にせず、天を相手にせよ」。これは西郷隆盛の言葉です。理不尽におよぶ人など放っておけばいいのです。自分は天（お天道様、真理etc.）に恥じないで生きていく。それこそすばらしいではないですか。

なんでA社に送ったんだ
え
A社に送っといて
深呼吸
フウ
勘違いすることもある
もう一度確認は必須やな
今日はいいことがあるかもな
よし！次の仕事しよ！

困った上司のタイプ別・対応術

人の性格、個性は十人十色。上司にもさまざまなタイプがいるでしょう。しかし、上司対部下の関係をやめるわけにはいきません。困った上司とラクラクつきあう〝心得帳〟です。

やる気がない 無責任型

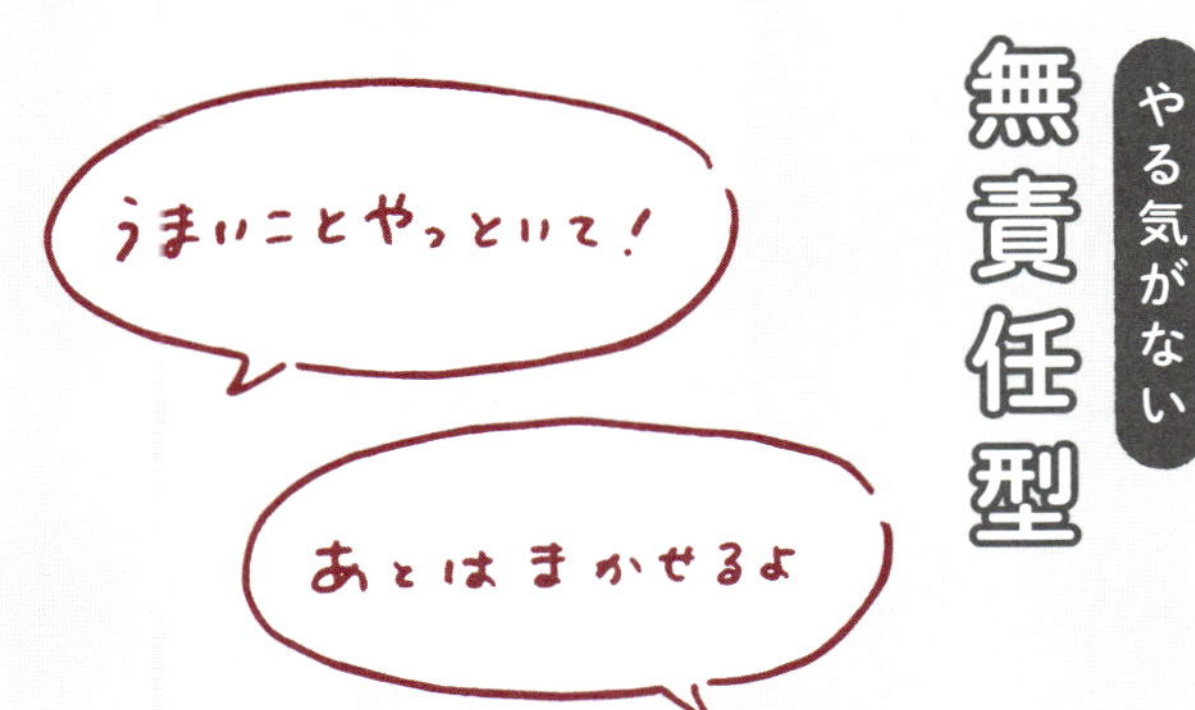

うまいことやっといて！
あとはまかせるよ

上司としての自覚があるのか、ないのか、部下にまかせっぱなしのタイプは、問題が起こると、「なぜ、相談しなかった！」となることも。こまめな報告を怠らないのが最良の対応です。伝えておけば、上司はそれを受け容れたことになりますから、口頭だけでなくメールなど書面でも報告しておきましょう。

なにからなにまで口出し ワンマン型

あの件はどうなってる？

君の意見は聞いてないから

仕事の流れ全体を見て、指示や確認を求めるタイミングをこちらで決めてしまいましょう。そして、「この段階でご指示をいただきたいと思います。この段になったらご確認を、ここでは打ち合わせを……」というふうにあらかじめ伝えるのです。限定的に〝口出し〟をお願いするのが〝口封じ〟の妙法です。

失敗は人のせい
手柄横取り型

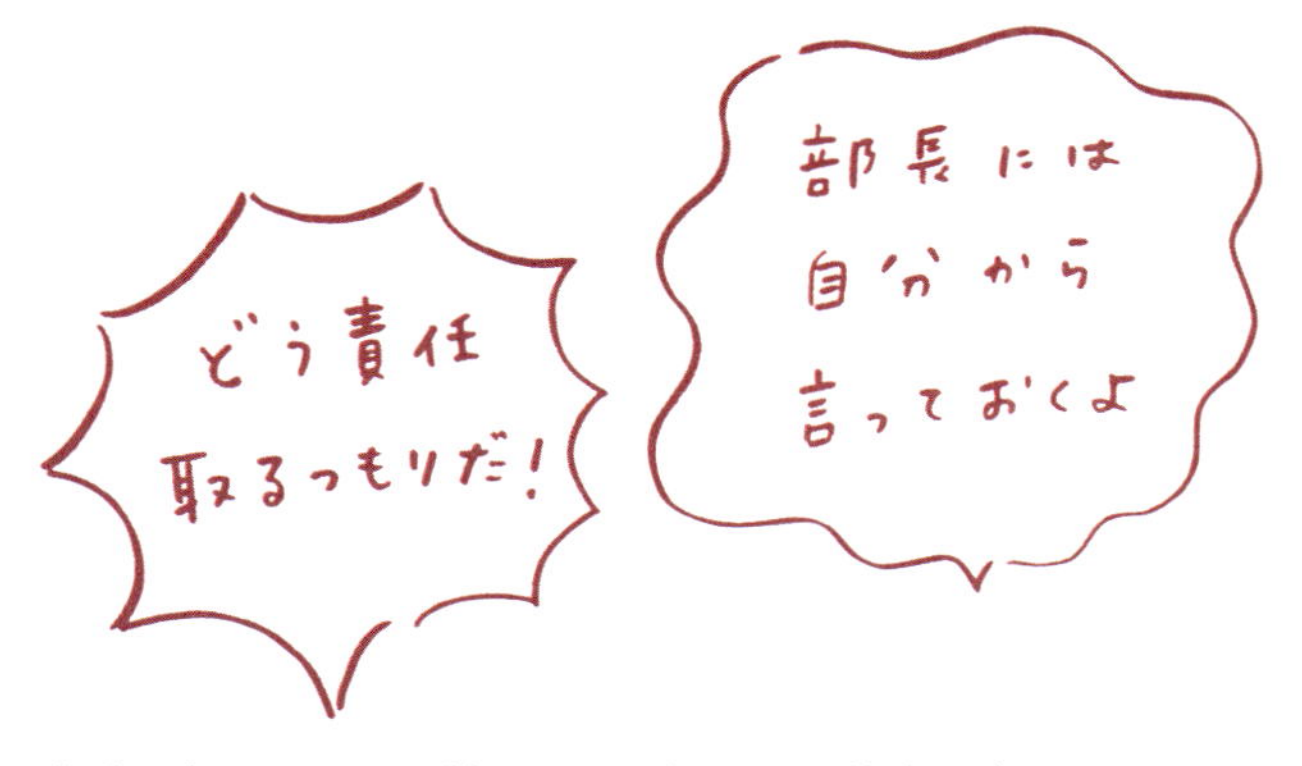

失敗は押しつけ、手柄はかっさらう。始末に負えない上司ですが、〝やるべきでないこと〟の見本市みたいな人ですから、距離を置きながら、反面教師として存分に活用しましょう。いずれ他の部下たちも次々に離れ、孤立していく末路を高みから見物しよう、くらいの気持ちで接すればいいのです。

すぐに怒る
激情型

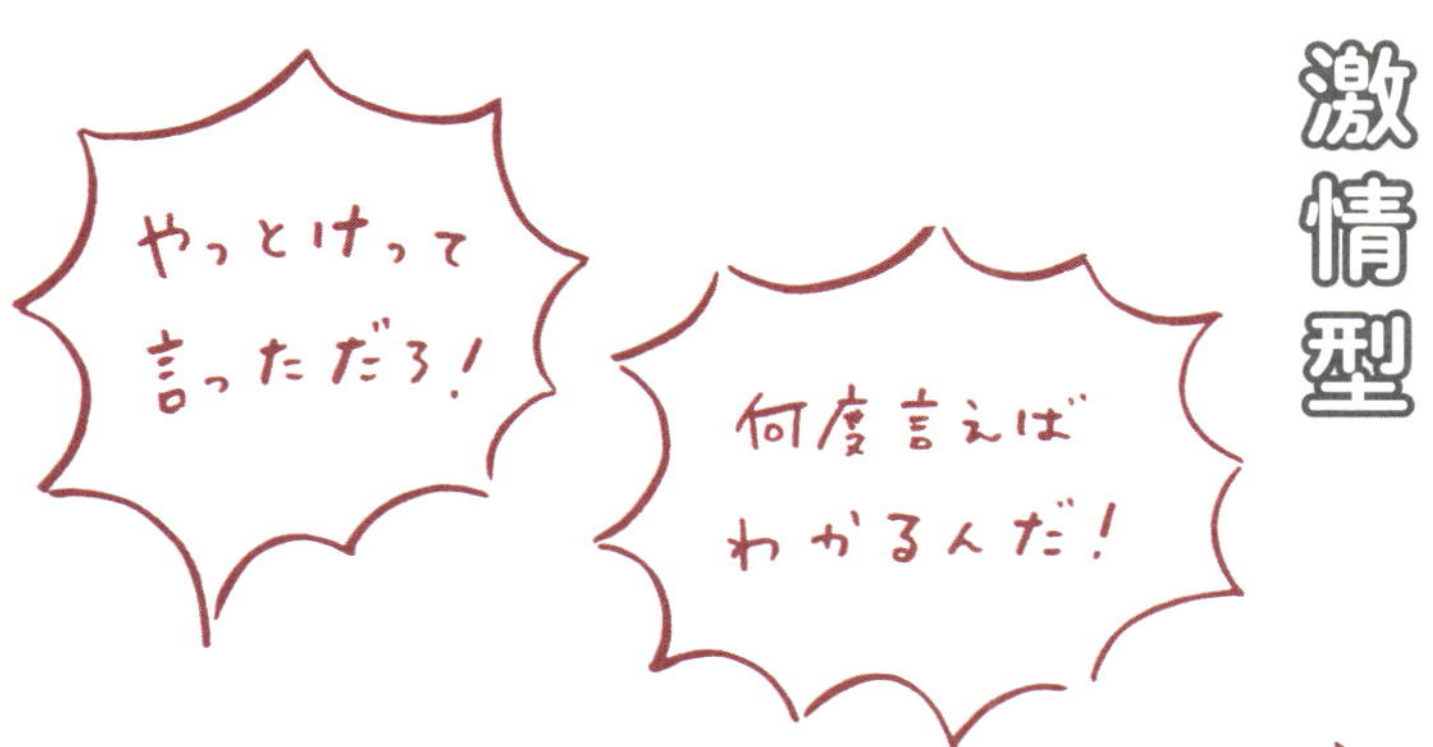

怒るのは、そうすることでガス抜きをしているのです。鬱憤（うっぷん）がたまっている気配が見てとれたら、「課長、たまにはランチご一緒しませんか？　いろいろお話聞かせてくださいよ」などと声をかけ、怒りとは別のかたちのガス抜きをこちらが仕掛けてはいかがでしょう。仕掛け人は交代で受けもちましょう。

困った部下のタイプ別・対応術

個人主義の徹底、ゆとり教育といった新たな環境のなかで、かつてとはすっかり様変わりした若者世代。扱いに悩むところですが、この〝トリセツ〟があればもう心配なし、です。

いわれたことさえやらない サボリ型

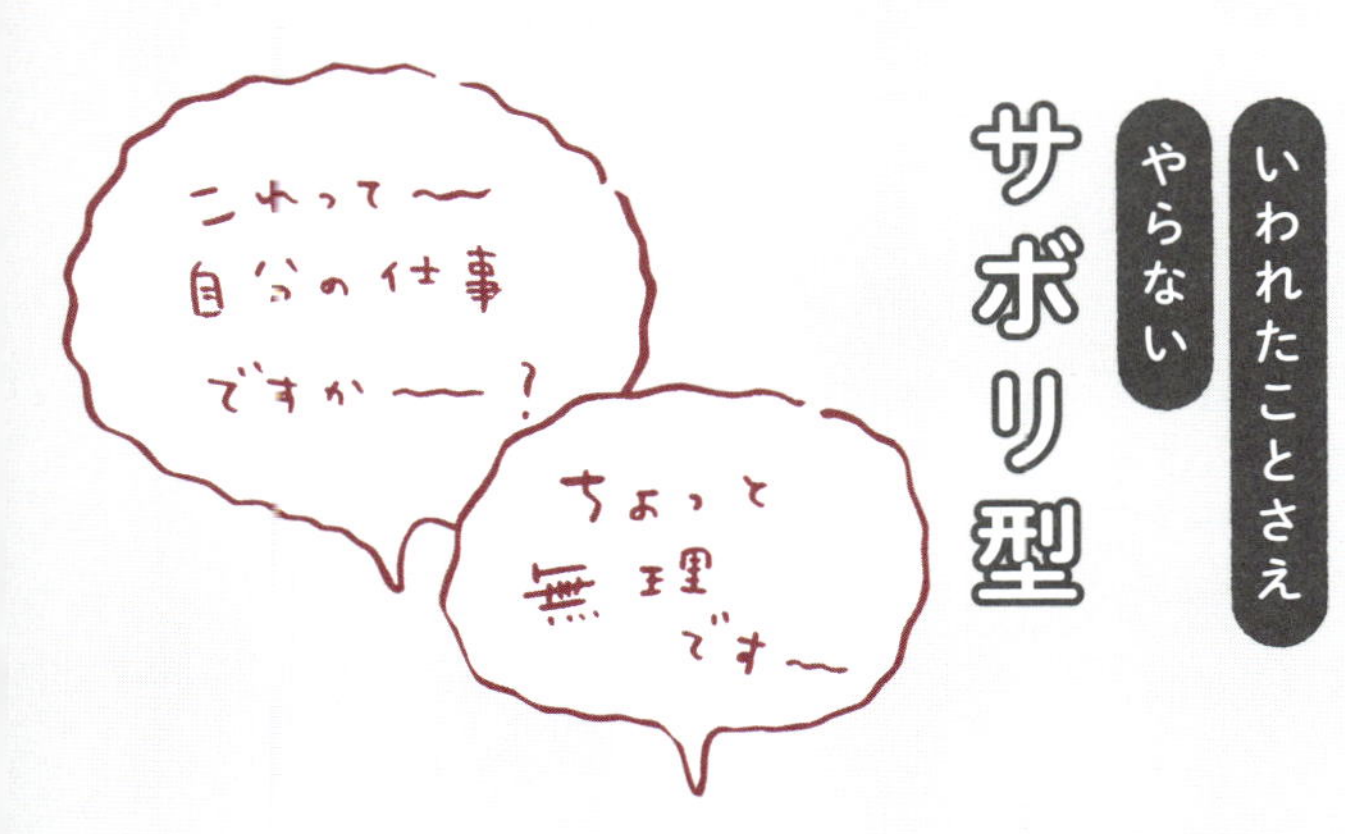

これって〜自分の仕事ですか〜〜？
ちょっと無理です〜

すぐれたところを見つけてほめる。「パソコンの扱いはピカイチだね」などが好例でしょうか。締め切りを設けるのも手。ただし、ご褒美つきが動かすポイントです。「30日が締め切りだ。それ以前に仕上がったら、休暇をとってもいいぞ」。上司のお墨付きでサボれるとなれば、重い腰もササッと上がります。

すぐに反論してくる 頭でっかち型

でも〜だって…
効率的じゃないと思います

「話はあとでいくらでも聞くから、とにかくこれをやってください」と有無をいわさず、仕事に向き合わせることです。やってみれば、経験が足りない自分の力はまだまだだということが、身をもってわかるでしょう。〝できない自分〟を思い知らせることが、屁理屈をしぼませる特効薬です。

わからなくても聞かずに進める 頑固型

与えた仕事にはいくつかポイントになる部分があるはずです。資料集め、仕事相手とのコンセンサス、バックアップ体制の確保……。少々手間ですが、仕事と割り切り、それぞれクリアすべき時期に「資料はそろった？」「コンセンサスは？」「バックアップは大丈夫？」など質問のかたちで逐一確認を。

何度いっても変わらない こりない型

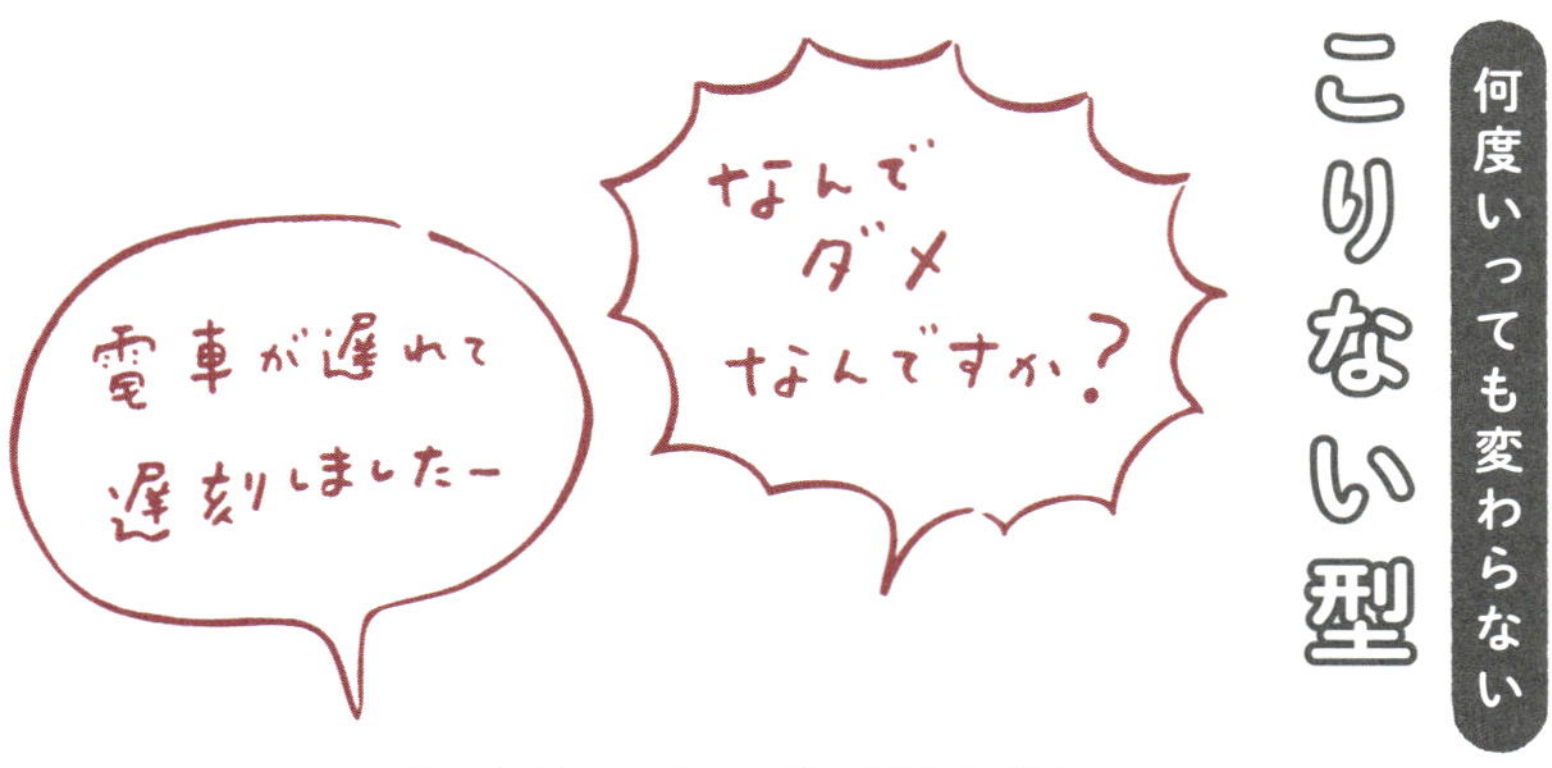

これはサッカー方式が有効。たとえば、遅刻を繰り返す部下なら、遅刻１回につきイエローカードを１枚出すのです。そして、「3 枚でレッドカード扱い。ボーナスの査定に影響するよ」と宣言します。遅刻は明らかに職務規定違反ですから、これくらい厳しい姿勢で臨んでいいのではないでしょうか。

禅語でほっとひと息

小水常流如穿石

しょうすいつねにながれていしをうがつがごとし

わずかな水の流れでも、絶え間なく流れていれば、いつかは硬い石に穴をあけてしまいます。まずは100日つづけてみましょう。

屋上で休憩中

次の日

また次の日

三年後ー

part.3

昼の禅 〜人間関係〜

悩みのタネの一番手は人間関係でしょう。まず、知っていただきたいのは、好転させるカギはすべて自分が握っているということです。自分のはたらきかけで関係は確実に変わっていきます。風通しが驚くほどよくなるのです。

「どんな人にも自分から挨拶する」

人間関係はコミュニケーションによって結ばれ、コミュニケーションは挨拶からはじまります。その意味では、挨拶は人間関係の原点といういい方ができるかもしれません。

大きな声で、明るく、元気に挨拶されたら、それだけで誰でも心地よくなります。いつでも、どんな人に対しても、その心地よさをプレゼントできる人になりましょう。上司になったら、部下から挨拶してくるのが当然と考え、自分から先に挨拶しなくなったり、出入り業者に対しては、挨拶がぞんざいになったり、といったこともあるようですが、それは了見の狭さ、器量の小ささをみずからさらけ出してしまっているようなものだ、とわたしは思っています。

上司から挨拶する部署は、部下もハキハキと挨拶を返し、風通しのよい人間関係になります。「おはよう」につづけて、そのときどきの相手に合わせたひと言をつけ加えたらさらによし。心の距離がグッと縮まります。

挨拶にプラスしたいワンフレーズ

気遣うひと言

「昨日忙しかったんだって？」

「今日の打ち合わせ、間に合う？」

「風邪ひいたの？　大丈夫？」

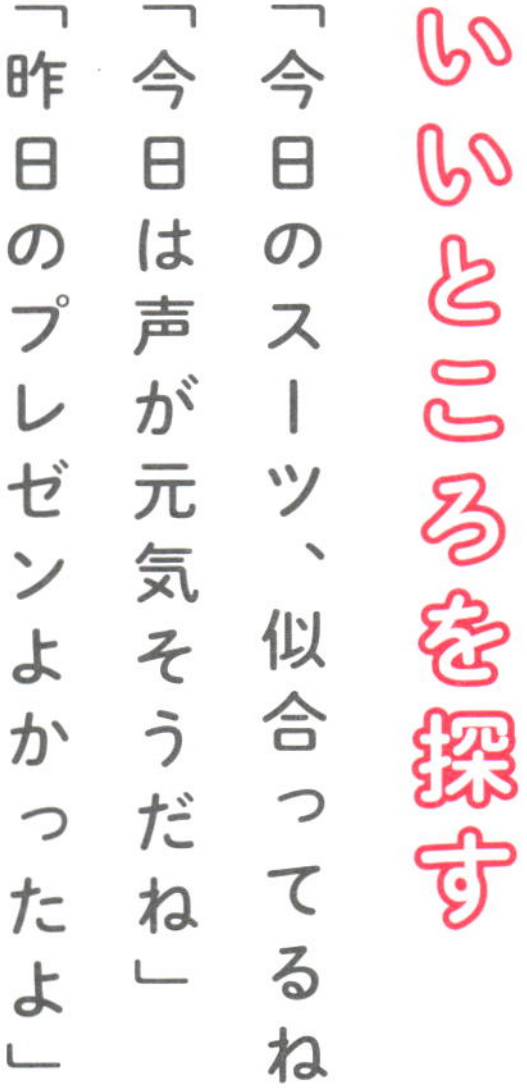

いいところを探す

「今日のスーツ、似合ってるね」

「今日は声が元気そうだね」

「昨日のプレゼンよかったよ」

「誰かのためになる」ことをする

魅力がある人の周囲には自然に人が集まってきます。魅力の中身はさまざまだと思いますが、根っこには共通した要素があるような気がします。自分中心ではなく、「誰かのためになる」ことをしているというのがそれ。

仏教に「利他行（りたぎょう）」という言葉があります。文字どおり、他人を利するおこない、他人のためを思ってする行動のことです。これが人としての魅力の源泉ではないでしょうか。

といっても、自分を犠牲にして人に尽くすということではありません。人のためにするおこないは、じつは自分のためでもあるのです。たとえば、お年寄りの荷物をもって差し上げる。お年寄りからは笑顔で「ありがとう」という感謝の言葉が返ってくるでしょう。それは自分をさわやかで心地よい気分にしてくれるに違いありません。利他行によって、さわやかさ、心地よさをいただいたのです。

一事が万事。誰かのためのおこないは、必ず、自分に戻ってきます。

お先にどうぞ

エレベーターで入口の近くに乗ったら、降りる階では開ボタンを押して、そこで降りる人たちに先をゆずりましょう。「ありがとう」という言葉のプレゼントをいただけるはずです。

お役立ち情報を伝える

食事処やイベントなどのとっておき情報は、惜しむことなく、誰にでも〝お知らせ〟しましょう。心やさしき「情報源」はみんな大歓迎。必ず、返礼があるものです。

お茶をいれる

お茶をいれるときには、周囲の人に『いかがですか？」と声をかけましょう。一杯も二杯（数杯）もいれる手間は変わりませんし、相手には心配りが届きます。

「愛語(あいご)」を使う

わたしたちは常に人と言葉を交わし合っています。言葉は人の心を癒やしたり、励ましたり、勇気づけたりしますが、その一方で心を傷つけたり、不快な思いにさせたり、悲しませたりもする。まさしく両刃(もろは)の剣です。

そのことをしっかり心に置きましょう。そして、言葉は慎重に選ぶようにしましょう。禅は「愛語」を使いなさい、と教えます。愛語とは相手の心に寄り添い、相手を思って語るポジティブな言葉のことです。

日本で曹洞宗を開かれた道元(どうげん)禅師は、愛語についてこうおっしゃっています。「愛語よく廻天(かいてん)の力あることを学(がく)すべきなり」。愛語には天地をひっくり返すほどのパワーがあることを知りなさい、ということです。

そのときどきの相手の立場に立ち、心を慮(おもんぱか)って、どんな言葉ならその心に寄り添えるのかを考えましょう。すると愛語が見つかります。そのパワーは相手とのつながりをいっそう深め、より豊かなものにしてくれるでしょう。

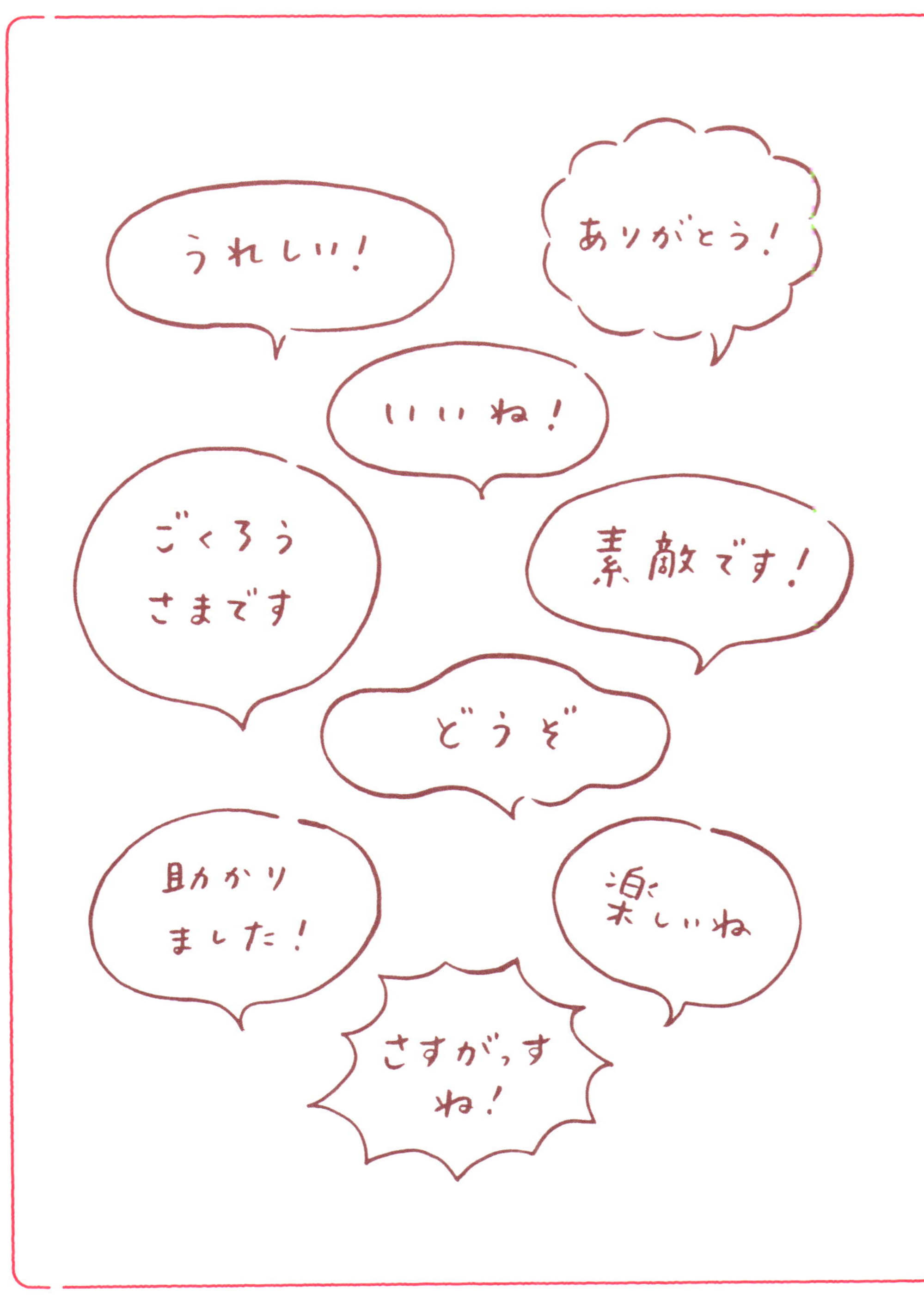
うれしい！
ありがとう！
いいね！
ごくろうさまです
素敵です！
どうぞ
助かりました！
楽しいね
さすがっすね！

正論を振りかざさない

人と意見が対立したという経験は誰にでもあるでしょう。そこで、自論に固執して相手を完膚なきまでに打ち負かしたら、関係はギクシャクしたものになると思うのです。ここで考えてみてください。そのときの自分の意見が完璧な正論で、相手の意見はすべて間違っているなどということがあるのでしょうか。

まず、あり得ません。ふつうは相手の意見にも認めるべきところがあるはずですし、自分の意見にも正すべきところがあるものです。ですから、「この部分はおっしゃるとおりだと思いますが、こちらについては少し違う考え方をしています」というふうに、認めるべきところは認めたうえで、自分の意見をいうのが、議論の正しい在り方でしょう。

そうであってこそ、双方の意見をうまく反映した落としどころが見つかるのです。これは、仏教でいう「中道」、つまり、白黒をつけるのではなく、その間の調和点を探っていく、という考え方です。

グレーのままにしておくと…

グレーには〝曖昧〟という印象があるかもしれませんが、そうではないのです。背景にあるのは相手を慮るやさしさ、相手を認める度量の大きさです。とくに仕事では、グレーのままにしておくことで〝Win Win〟の関係が成立することも。

白黒はっきりつけようとすると…

白黒をはじめ、善悪、正邪、美醜、好悪……といった二項対立的な考え方をしないのが禅です。はっきりさせてしまうと、相手の立場を失わせることになり、歩み寄りの余地がなくなってしまいます。ムダに敵をつくることにもなりかねません。

「いい人」よりも「正直な人」

自分とかかわりのある人たちから「いい人」と思われたい。そんな願望は誰もがもっているものでしょう。そのために上司におべっかを使ったり、先輩や同僚におもねったり、ということがあるかもしれません。

しかし、その〝努力〟は疲れると思うのです。人は一人ひとり、性格も気性も、人物評価の基準も違います。ひたすら自分をもち上げてくれるのを好む人もいれば、懐に飛び込んできて軽口のひとつも叩く相手を評価する人もいる。それにいちいち合わせていたら、何通りもの自分を演じ分けなければならなくなりませんか？　その結果、自分を見失うことにだってなりかねないでしょう。

自分には正直であるのが一番です。上司のすばらしいと思うところは、率直にそういえばいいのですし、心にもないことは口に出さなければいいのです。同意を求められて困ったときには「詳しくなくて、わからないな」など、さらっとかわしましょう。

そうなんだ
見て見て！
ぼうし買ったの！

どう？
いいでしょ

ごめんねー
ファッションに詳しくなくって
……
そっか〜

悩みには ひたすら耳を傾ける

友人や知人が悩んでいるとき、みなさんはどう対応するでしょうか。「それは励ましの言葉をかけるに決まっている」。しかし、その人はがんばっても出口が見つからないから、深い悩みのなかにいるかもしれないのです。

「同時」という禅語があります。相手に共感し、思いを共有する、という意味です。そのために必要なのは耳を傾けることでしょう。相手が思いのタケを語ってくれたら、共感する、また、共有する道筋も見えてきます。

そのうえで、自分に同じ思いになった経験があったら、淡々とそれを語る。「自分にも同じように悩んだことがあったよ。そのときは、とことん悩んでやれ、と開き直ったんだ。すると、案外、気持ちが前向きになってね」。経験を語ることは、相手に対して（解決策の）押しつけにも、指図にもなりません。

また、身内に不幸があって悲しみ、悩んでいる人には、ほんの少しでも、つらさを分かち合う言葉をかけるのがいいでしょう。

GOOD

思いのタケ（悩み）を、とにかく聞いてあげましょう。「そうなんだ」「大変だったね」と、相づち程度の言葉がけにとどめます。あくまで、心に寄り添う姿勢でつらさを共有しましょう。

NG

「そんなことで悩んでいるの？」といった追い打ちをかけるような言葉がけはNGです。「がんばれ！」と励ますのもダメ。本人は十分がんばっているのですから、そこに配慮しましょう。

「どうせ自分なんて」をやめる

この時代、自己肯定感が低い人、もてない人が少なくないと聞きます。その原因のひとつは、他人と比較することにあるかもしれません。同期入社なのに彼は先輩社員をしのぐ実績をあげている。自分は恋人いない歴五年になるのに、彼女にはいつも素敵な恋人がいる……。

そんな人と自分を比べるから、劣等感が生まれ、「どうせ自分なんて」という気分になるのです。知ってほしいのは人と比べることの無意味さです。比べたからといって、自分の実績が伸びることもなければ、突然、恋人ができるわけでもないのです。

それができるのは自分だけです。一生懸命努力して自分を高め、磨いていけば、仕事の実績も上がりますし、異性との縁を引き寄せることもできます。まず、いまの自分の〝あるがまま〟を受け容れましょう。そして、半歩でも、一歩でもいい、日々、前に進んでいる自分を感じながら歩んでいってください。

昨日の自分より
半歩進めばOK

SNSに振りまわされない

SNSの普及ぶりは目を見張るほどです。若者世代にかぎっていえば、いまやコミュニケーションの中心手段になっています。しかし、そのコミュニケーションの中身は、けっして充実しているとはいいがたいのではないでしょうか。

話を盛って自分をアピールしたり、大勢の〝仲間〟とひっきりなしにやりとりしたり……。前者はなんとか自分に関心をもってもらいたい、という〝叫び〟ともとれますし、後者の仲間の実態はきわめて希薄な関係でつながっているだけの群れのようにも思えます。

群れなくたっていいじゃないですか。SNSに縛られている時間を、自分がほんとうに関心をもてることに使ったらいかがでしょう。孤独な時間こそ、自在に、有意義に、充実して、すごせるのです。

そして、ときには自分と向き合ってみる。孤独な時間にしかそれはできませんし、人生にとって、とても大切な時間だと思います。

贅沢な孤独を楽しむ

お寺巡り

お寺には季節感と静寂があります。もちろん歴史もある。日々の喧噪（けんそう）、追われる時間からひととき、ときをとめてくれる空間、それがお寺です。その凛とした空気のなかでしばし孤独を楽しみましょう。

ゆったり読書

「読書、なかんずく小説を読む喜びは、もうひとつの人生を経験することができる、という点にある」。山本周五郎の言葉です。さまざまな人生から学ぶことは きっとたくさんあるはず。

一人旅

群れから離れた一人旅。誰にも邪魔されず、自分の思うままに使える時間です。静かな宿の一夜、自分と向き合い、来し方行く末を思う。人生にとって、とても大切で貴重な時間がそこにあります。

畑仕事

種をまき、芽吹く小さな命を育てる。そのゆっくりと流れる時間は心に豊かさをもたらし、慈しみという思いにも気づかせてくれるでしょう。収穫時の格別の喜びを、ぜひ、味わってください。

「苦手な人克服トレーニング」

人には相性がありますから、仕事関係者でもソリが合わない、どうも苦手だ、という相手がいるかもしれません。苦手意識が生まれたのは、なにかきっかけがあってのことでしょう。それを機に〝苦手な人〟というフィルターを通して常に相手を見てしまうため、好ましい部分があっても、見えてこないのです。

人は多面的ですから、フィルターをはずしてみると、「おっ、こんないいところがあったんだ」ということになるものです。

積極的に話しかけてみるのもいいと思います。趣味の話やグルメ系の話題を振ると、案外、「同感！」という部分が発見できるかもしれません。「タイ料理なら、おいしいお店があるから、今度いっしょにいかが？」といったことになる可能性も大いにあるのではないでしょうか。

また、とくに外部の方とつきあいがはじまる際は、その人を知る前任者に、人柄やつきあい方のポイントを聞いておくのもよいでしょう。

克服トレーニング
〜怖い上司編〜

いいところ探し

〝怖い〟という色眼鏡をはずして、観察してみましょう。視野が広がり、見えなかった側面が見えてきます。やさしさ、おおらかさ、こまやかさ……。ひとつでも見つけたら、印象は簡単に変わります。

プライベートな話題を振る

相手の興味にスポットをあててみる。ペットを飼っている人なら、そのかわいさを話したくて仕方がないもの。そこに話を振るのです。スマホに収められた写真への「かわいい！」がきっかけになりそう。

低血圧だから
朝はダメだね。
なるほど

まわりの人に攻略法を聞く

苦手な人を遠ざけるのではなく、近づく〝端緒〟を見つける。そのためには苦手な人と接してきた人からの情報収集が一番。人柄、特徴、クセ……。相手を知れば、必ず、克服のヒントが見つかります。

無理につきあわない

さまざまに手を尽くしてみたものの、どうしても苦手が克服できそうもない。なかにはそういう相手もいるでしょう。その場合は、距離を置くほかはありません。仕事をするうえで必要最小限の接触にとどめる。これならさほどストレスを感じることもないでしょう。

会社には定期的な人事異動がありますから、その相手と一緒に仕事をする期間も限定的です。そういう制度があれば、転属願いを出すのもひとつの方法かもしれません。

もし、その相手とじっくり話し合わなければならない事態が生じたら、まず、手紙かメールを書いて説明をしてから、話し合いが必要であることを伝え、時間をとってもらえるよう申し入れたらいかがでしょう。

あらかじめ相手に概要を伝えておけば、面と向かったときは、最小限の事務的な言葉のやりとりですむはずです。

あんまり話さないようにしよう・・・・
そのうち異動になるだろうし
何億人も人がいるんだし合わない人だっている！
そんなことより夕焼けキレイ
3回怒られたらチョコ食べよう！

カッとなったら「ありがとさん」×3

相手の発言やふるまいに思わずカッとなることがあるかもしれません。しかし、湧き上がった怒りの感情のままに、こちらも応酬すると、収拾がつかなくなります。いわゆる売り言葉に買い言葉という状況になって、その場に剣呑な空気が流れ、別れたあとも気まずさが残ります。

禅では怒りを「頭に上げない」といういい方をしますが、カッとなったら深い丹田呼吸を数回することです。そうすることで気持ちも鎮まり、怒りがおなかにおさまるのです。

仕上げは〝呪文〟です。心のなかで「ありがとさん」を3回唱える。じつはこの方式は、わたしの師匠筋にあたる板橋興宗禅師（曹洞宗大本山總持寺元貫首）に伝授されたもの。呪文は、たとえば、「落ち着いて」「平気」……など自分の気持ちを平静に戻してくれる言葉ならなんでもかまいません。〝呼吸＋呪文〟で怒りのコントロールは万全です。

外の空気を吸う

環境を変えるのもひとつの方法です。屋外に出て外の空気を胸いっぱいに吸いましょう。広々とした空間に吹く風が怒りの〝タネ〟を運び去ってくれます。

ゆっくり腹式呼吸

怒りの感情はそう長くはつづかないといわれています。少し間を置けば自然に鎮まっていきます。〝ゆっくり〟を意識して、腹式呼吸を数回おこないましょう。

さらりと受け流す

相手が一番堪（こた）えるのはこちらの〝平然たるかまえ〟です。なにをいわれてもとりあわなければ、相手は格の違いを感じて、スゴスゴと尻尾を巻くことになります。

頭の怒りを腹におさめる

怒りを頭に上げるから相手とやり合うことになる。ここもやはり呼吸です。息をおなかまでしっかり落とすつもりでおこなうと、怒りもおなかにおさまります。

イライラがどうしても おさまらないときは

気づかないうちにストレスや不満がたまって、なにかにつけてイライラすることがあるものです。これも丹田呼吸で解消しましょう。吐くときに「ひと〜」、吸うときに「〜つ」と心のなかで数えます。つまり、ひと呼吸で「ひと〜つ」です。同じようにふた呼吸めは「ふた〜つ」、三呼吸めは「み〜っつ」、と数えていきます。これは「数息観（すそくかん）」という方法ですが、呼吸に集中することができて、イライラ、モヤモヤが消えていきます。

頑固なイライラだったら、休日に山や海などに出かけて、大自然に身を置いてみてはいかがでしょう。大自然に抱かれていると、イライラの原因になっていることがとるに足らないこと、ちっぽけなことに思えてきます。

人智を超えた大自然との一体感のなかで、わだかまりやこだわりといったものが、心から溶け出していくのです。「自然はすごいなぁ。気持ちがいいなぁ」。もう、心スッキリです

ポツン…

五感を喜ばせるおもてなし

会社でも自宅でも、お客様をお迎えすることがしばしばあります。そこで発揮したいのがおもてなしの心。その基本になるのは相手の立場で考え、思いを汲みとるということです。暑いさなかにこられたお客様であれば、求めているのはなにより〝涼しさ〟でしょう。ですから、おもてなしのテーマは涼しさの提供になります。

ここで考えていただきたいのが、涼しさを感じるのは五感のすべてだということです。たとえば、冷たいおしぼりは触覚に涼しさをもたらしますし、切り子のグラスは視覚に、そこに注がれた冷えた麦茶は味覚に、風鈴の音は聴覚に、さわやかなアロマの香りは嗅覚に、それぞれ涼しさをもたらすでしょう。

これはほんの一例ですが、常に五感を喜ばせる、心地よくさせる、そして、季節感を盛り込む、ということを頭に置いておくと、アイディアも湧きますし、上質なおもてなしができます。

季節の飾り

〝季節〟はおもてなしの重要な要素。夏はガラスの器に水を張って緑の葉を浮かべる、秋は料理のお皿の端に紅葉を添えるなど、どこかに季節を飾りましょう。

よい香り

香りも心癒やすおもてなし。アロマやお香は種類豊富です。相手の年代や季節によって、柑橘系、フローラル系、ハーブ系、などを使い分ける配慮が素敵です。

心地よい音

耳にやさしく、心が安らぐのが自然の音です。川のせせらぎ、波の音、小鳥のさえずり、など自然音のCDをかすかにかけると、心地よい空間になります。

出迎え3歩、見送り7歩

お出迎えでは相手に3歩近寄り、お見送りでは7歩相手のあとにつづく。「よくいらしてくださいました」「お気をつけてお帰りください」の心を伝える所作です。

お茶

暑いさなかには、まず冷たい麦茶を差し上げ、汗がひいて落ち着いたところであたたかい緑茶をふるまう、といった気配りのある出し方を心がけましょう。

相手に信頼される「聞く」力

人は第一印象が大切だといわれます。それだけにとくに初対面の訪問時という状況は仕事、プライベートを問わず、緊張を強いられるものになるのではないでしょうか。そこで信頼を得たら相手との距離はグッと縮まる。そのためにはなにが必要でしょう。ツボを心得た巧みな話術は一見強力な武器になりそうですが、わたしはちょっと違う考えをもっています。むしろ、相手の話を真摯に聞くことが、信頼につながるという気がするのです。

「この人は自分の話にしっかり耳を傾けてくれている。いいたいことを理解しようとしてくれている」。そう感じたら、相手は心を開きますし、信頼も寄せます。「巧言令色鮮し仁」の言葉もあるように、話し方は技巧がまさると、かえって誠実さを感じさせないのです。

話すのが苦手だという人は少なくありません。しかし、一生懸命聞くことなら誰でもできます。その「力」を磨きましょう。

訪問時に気をつけたいポイント

相手の気遣いに感謝する

迎えるための先方の気遣いにはさりげなく感謝の言葉を伝えましょう。たとえば、玄関前に水打ちがしてあったら、「涼しげで気持ちがいいですね」。気遣いの〝中身〟に触れる言葉を探してください。

10分前には到着

訪問で絶対避けなければならないのが遅刻です。10分前には先方に到着しているのが常識です。ただし、玄関のチャイムを押すのはオンタイム。周辺で待つ間に身だしなみの最終チェックをしましょう。

帰りは最初の角を曲がる

見送られる側が心得ておきたいのは、帰りのルートでなくても、最初の角を曲がるということ。これは姿が見えなくなるまで見送っている相手への配慮。曲がる前には振り返って軽く会釈をしましょう。

靴をそろえる

脱いだ靴をどうするかで品格が問われます。相手に正対して靴を脱いだら、お尻を見せないように斜めにしゃがみ、靴をそろえて、玄関の端に置きます。後ろを向いて脱ぐのはNGですから注意を。

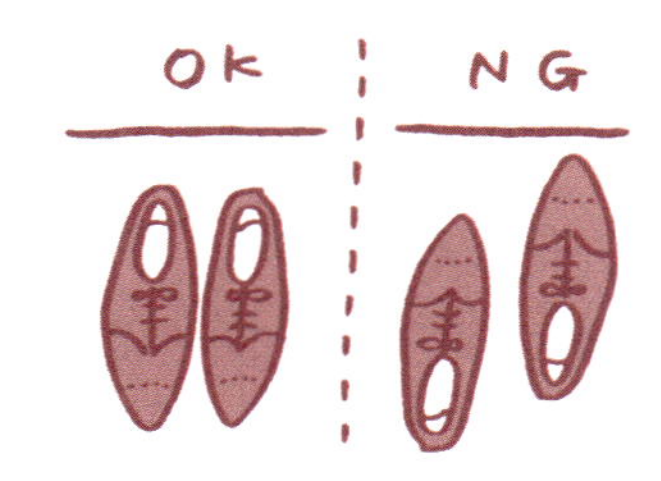

禅語でほっとひと息

心外無別法

しんげむべっぽう

心穏やかにすごせるかどうかは、
すべて心のもち方ひとつ。
悲観的、否定的、消極的にならず、
前向きにとらえるようにしましょう。

part.4

夕方の禅

仕事を終えてからの時間は自由に使えるはずなのに、とくにすることもなくただ流れていってしまってはいませんか？　もったいないかぎりです。禅の心を実践するのに夕方はうってつけ。まずひとつからでもはじめてみましょう。

「心を切り替える三つの結界」

一日を有意義にすごすには「オン」と「オフ」の切り替えが大切です。自宅に戻ってからも、仕事のことを考えていたのでは、身体も心も休まりません。

切り替えるいい方法があります。「結界」を設けるのです。

お寺には山門があり、神社には鳥居がありますが、あれがまさに結界。そこを越えることで、心を清らかなものに切り替え、ご本尊さま（本堂）やご神体（本殿）の前に立つのです。

たとえば、会社の出口を第一の結界にする。一歩出たら仕事のことは忘れるのです。メガネやネクタイをはずす、といった行動を同時にとると、切り替えやすくなります。第二の結界は自宅の最寄り駅の改札。そこを抜けたら、ジャケットのボタンをはずして、よりオフモードに近づける。第三の結界は自宅の玄関。ジャケットを脱ぎ、完全なオフモードになって、そのあとは家族との語らい、趣味などを存分に楽しみましょう。

結界その1
会社の出口
メガネをはずす
結界その2
最寄り駅の改札
ジャケットの
ボタンをはずす
結界その3
家の玄関
ジャケットを脱ぐ

わずかな変化に心を寄せる

日本語ほど繊細で豊かな表現をもつ言葉はありません。たとえば、日が沈みゆく夕暮れどきを表現する言葉も多彩。「黄昏（たそがれ）」は日没直後のまだほんのりと明るさが残る時間帯のことですが、「薄明（はくめい）」という別の表現もあります。ちなみに、「たそがれ」は「誰そ彼は（彼は誰？）」、つまり、人の識別がつきにくい時間帯であるという意味だそうです。

さらに闇が深まった時間帯になると「火点し頃（ひともしごろ）」や「宵闇」、少し禍々（まがまが）しい表現ですが「逢魔（おうま）が時」という言葉もあります。刻々と変化する〝時〟を感じながら、「おっ、そろそろ宵闇だなぁ」などと独りごちてみる。このあたりは日本人ならではの楽しみではないでしょうか。

風や雨にもさまざまな表現があります。「花信風（かしんふう）（春）」「薫風（くんぷう）（夏）」「雁渡（かりわたし）（秋）」「木枯らし（冬）」。「桜雨（さくらあめ）（春）」「青葉雨（あおばあめ）（夏）」「秋霖（しゅうりん）（秋）」「氷雨（ひさめ）（冬）」。そんな言葉を思いながら、風を感じ、雨を眺めてみませんか？

雨

桜雨

桜の花が開くころにしとしとと降る雨です。

青葉雨

初夏に降って、青葉をつややかに見せてくれる雨です。

秋霖

何日も降りつづく秋の長雨。「秋湿り」ともいいます。

氷雨

秋の終わりから冬期にかけて降る、凍るような冷たい雨。

風

花信風

初春に吹く、花が咲く季節の訪れを告げる風です。

薫風

初夏のころ、新緑の香りをのせて吹いてくるさわやかな風。

雁渡

雁がわたる時期（9〜10月）に吹く北風です。

木枯らし

晩秋から初冬に吹く、冬の到来を告げる冷たい風。

「陰徳」を積む

人のためになにかをする。それも〝善行〟には違いありませんが、していることがあからさまにわかるようでは本物ではありません。禅では「陰徳」を積みなさい、と教えます。陰徳とは、人知れずおこなう善行のことです。

たとえば、ホテルなどのトイレを使って手を洗う。洗面台には水滴が飛び散るでしょう。周囲に誰の目がなくても、それをキレイに拭っておくのが陰徳です。すると、自分が心地よくなります。

もちろん、次に洗面台の前に立った人も、気持ちよく使うことができます。しかし、そうしてくれたのが誰かはわからない。そこが陰徳の真骨頂ですし、そうであるから、そのおこないは美しいのです。

自宅に帰る道すがらには、陰徳を積むことができる場面、機会がいくらでもあるのではないでしょうか。それを逃さないでください。人知れずの行為で心地よさを手に入れましょう。

今日の帰り道でできること

洗面台を拭く

ペーパータオルが備え付けてあったら、手を拭ったあとそれで軽くぬぐう。なかったらポケットティッシュを使いましょう。立つ鳥跡を濁さず、の心意気です。

ゴミを拾う

街の景観を損なうポイ捨てのゴミ。気になったらそっと拾いましょう。素手で拾うのは抵抗あり、でしたらビニール袋をポケットやバッグに入れておいても。

募金や寄付をする

駅前や街で足を止めて募金や寄付をするのは、気恥ずかしくてためらわれるという人がいるかもしれません。一歩踏み出しましょう。善行に遠慮などいりません。

倒れたものを直す

駐輪場に並ぶ自転車が倒れている。お店の看板が風にあおられて傾いている……。「まあ、いいか」を封じてちょっと手を動かしたら、気分が爽快になります。

通り道の神社やお寺に寄る

年が明けて初詣をするという習慣は古くから日本に定着しています。お寺や神社で手を合わせる（柏手を打つ）と、厳かな、また、清々しい気持ちになります。でしたら、それを毎日の習慣にしてはいかがでしょうか。

通り道に小さなお寺や神社があったら、会社帰りにそこに立ち寄る。お参りして、その日一日のことを報告するのです。「お蔭様で、今日一日無事にすごすことができました。ありがとうございます」。

お寺や神社がなければ、祠（ほこら）や道祖神、お地蔵様などでもかまいません。しばし足をとめ、感謝を伝えることで、心安らかに帰宅できます。お賽銭を入れるのもいいでしょう。仏教ではそれを「喜捨（きしゃ）」といいます。お金は執着（煩悩）をもたらすものです。それを入れることは執着をひとつ捨てることですから、喜びをともなう行為とされるのです。

日々、煩悩を捨てていく。すばらしい習慣だと思いませんか？

お賽銭の作法

神社
1 会釈をして鈴を鳴らす
2 お賽銭
3 二拝二拍手一拝
（2回お辞儀、2回拍手、手を合わせて1回お辞儀）
4 会釈
お寺
1 合掌してお辞儀
2 お賽銭を入れて鐘を鳴らす
3 合掌してお辞儀
4 会釈

「四季のイベントに出かける」

日本にはくっきりと色分けされた四季があります。道元禅師はそれぞれの美しさをこう詠っています。「春は花　夏ほととぎす　秋は月　冬雪さえて冷しかりけり」。そんな四季の訪れを慶び、感謝をもって受けとめる、という意味合いからでしょうか。日本には四季を象徴するさまざまなイベントがあります。積極的にそれらに足を運び、四季を満喫しましょう。

気の置けない仲間と連れだって花見をするもよし、独り紅葉路を歩くのもまたよし、です。かつて貴族や禅僧は自分の感覚で受けとめた四季の印象を漢詩や連歌にしたためました。それに倣って、出かけたイベントで感じたことを日記風に短い文で綴ってみてはいかがでしょう。

そこから一歩進めて、俳句や短歌にしてみる。うまい、へたは関係ありません。あとで読み返したとき、そのときの情景がありありと甦るものなら、どれもが秀作なのです。

SPRING

春

SUMMER

夏

AUTUMN

秋

WINTER

冬

季節の花を買いに行く

石川啄木の歌にこんなものがあります。「友がみなわれよりえらく見ゆる日よ花を買ひ来て　妻としたしむ」。沈んだ心の癒やしを花に求めた歌人の切々たる思いは万人に共通するものでしょう。

家に花があると、それだけで癒やされますし、室内に季節が流れ込んできます。考えてみると、現代人がなくしたものの代表格が季節感ではないでしょうか。いまは自宅も職場も交通機関も冷暖房完備ですから、ふだんの生活で季節を感じることがほとんどなくなっています。

せっかくすばらしい四季に恵まれながら、もったいない話です。そんな状況を一輪の花が変えてくれます。桜の一枝が食卓にあるだけで春が感じられますし、一枚の色づいた銀杏の葉がそこに秋をもたらします。

心配ごとがあるとき、なんだかモヤモヤが消えないとき、たった一輪の花を生けるだけで、心が落ち着くにずです。

SUMMER

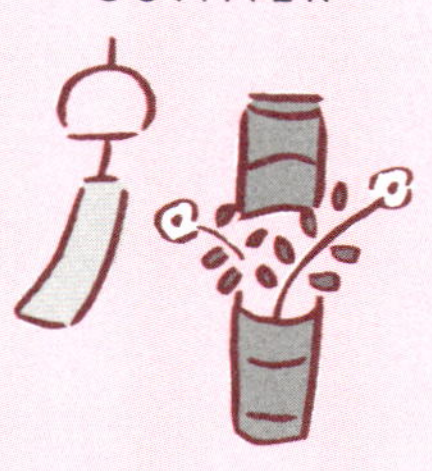

竹の一輪挿し、切り子グラス、風鈴、扇子、手拭い……。花だけでなく、涼しさをもたらしてくれるものも一緒に添えてみては。

春

SPRING

すべての命がいきいきと輝き出す春。桜、紫陽花……花々も競って咲きます。やわらかな風のなか、春景色をもち帰りましょう。

WINTER

陶器の手ざわり、ナンテンの実の燃えるような赤。寒い季節だから、あたたかさを感じさせてくれるものを選びましょう。

AUTUMN

木々の葉が色づき、景色は赤や黄に染まります。紅葉や松ぼっくりで、室内に小さな秋を飾ってみてはいかがでしょう。

ちょっといい器を買いに行く

日本は季節ごとにたくさん旬の食材がありますから、それを使った季節感あふれる料理が食卓に並びます。かつてはその料理に合わせて器も変えられていました。いまはそこまではできないと思いますが、なにかひとつ、お気に入りの器を手に入れたらいかがでしょうか。

少し高価でも、質のよい一流のものをじっくり吟味して選ぶ。当然、大切に扱うことになりますし、食事をする際のふるまいや作法も違ってきます。器をもち上げるときもぞんざいにはしないでしょうし、置くときもそっと置くことになるはずです。つまり、ふるまい全体が丁寧で美しいものになるのです。美しく食事をする人は素敵だと思いませんか？

わたしは抹茶茶碗でごはんをいただいているのですが、器の使い途（みち）は自由な発想でいいのです。切り子のグラスを蕎麦猪口（そばちょこ）にしたり、少し大きめの漆塗りのお椀を煮物の器にしたり、アイディアを駆使しましょう。

季節に合わせた箸置き

「箸置きなんて使ったことがない」。若い世代はそんな人が多いかもしれません。しかし、美しく食事をするうえで箸置きは欠かせません。しかも素材は磁器（春）、ガラス（夏）、木（秋）、陶器（冬）とバラエティに富んでいます。さあ、四季の箸置きを探しにいきましょう。

毎日使うものをちょっと格上げ

毎日の食事に使う器ですから、欠けてもいい、壊れてもいいもの、というのが選択の基準になっていませんか？ ひとつでいい、グレードアップしましょう。いい器には趣がありますし、食事の味わいも違います。それだけではありません。いただいているときの心が豊かになります。

骨董品屋さんで器探し

骨董屋さん、骨董市には行ったことがない。そんな人が多いと思います。しかし、じつはよい品がひっそりと置いてある場合もあります。そこに並んでいる歴史ある器のなかには、〝縁〟を感じさせるものもあるかもしれません。心ときめく出会いに期待して出かけてみましょう。

小さな「禅の庭」をつくる

わたしは「禅の庭」のデザイン、作庭もさせていただいています。「禅の庭」の代表的な形式が、水を使わず、石と白砂、わずかな緑で構成する枯山水です。お盆の上に石や白砂、コケなどで景色をつくる「盆景」はその縮小版ですが、これはもともと仏様へのお供えとしてつくられました。盆景をまねて、小さな禅の庭をつくってみませんか？　石を置いたり、砂に模様（砂紋）を描いたりするときは、そのことに集中しますから、余計な考えが入り込むことがなく、心が落ち着いて穏やかになってきます。

また、作品からそのときどきの心の状態を知ることができます。なんの迷いもなくすばやく仕上がったというときは、決断力や判断力が研ぎ澄まされているものですし、なかなか石の位置が決まらないといったときは、心になにかくすぶったものがあったりするものです。いまは「ミニ枯山水」のセットも販売されていますから、それを利用するのもいいでしょう。

禅の庭のつくり方

1 白い砂をまく

白砂をお盆の上に敷きましょう。石を置いたり、砂紋を描きますから、砂にはある程度の高さが必要です。お盆に行きわたったら、平らにならします。庭（ベランダ）の一角につくる場合は、ロープなどで縁をつくって白砂を入れるといいでしょう。

2 石を配置する

石は山や河原、海辺などで拾ってきたものでかまいません。中心となる大きめの石、それと組み合わせる石、離して置く石の三つくらいで構成するのがいいでしょう。さまざまな角度から見て、石の一番いい〝表情〟を探すのがポイントです。

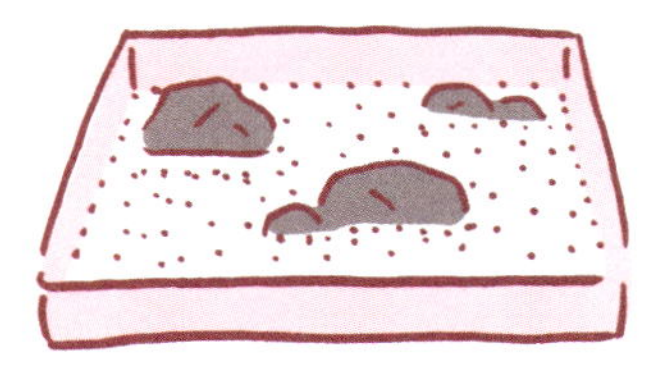

3 砂紋を描く

水の流れ、海原、波のうねり、雲海などを表現するのが砂紋（ほうき目）です。真っ直ぐな線は正面に対して平行に引くのが基本。石のまわりは円で囲むように描きます。石に絡めて苔など緑をあしらうと、全体の景色がやわらかくなります。

井桁紋

植物や動物を育てる

植物や動物を育てることは、小さな命とともに暮らすことです。心を込めてお世話をすれば、植物はいきいきと成長し、花を咲かせたり、実をつけたりします。それは命のすばらしさ、命の輝きそのものといっていいでしょう。間近でそれを見られるのが、育てる側の最大の喜びではないでしょうか。

動物は手がかかりますが、犬や猫は飼い主を信頼しきってなついてくれますし、小鳥は美しいさえずりで、熱帯魚は優雅に泳ぐ姿で、わたしたちの心を慰め、癒やしてくれます。

野菜類を育てれば収穫の楽しみがある。実った野菜を朝どりして、サラダにでもすれば、おいしさもひとしおでしょう。ひと味もふた味も違う朝食メニューになりそうです。

いまはひそかな苔ブームとも聞きます。苔は手がかかりませんし、小さな苔だまの緑があるだけで、部屋に清々しさが漂います。

室内で苔や小さな観葉植物

〝緑〟は大自然の象徴です。室内の小さな植物が自然とともに暮らすことの心地よさ、豊かさ、清々しさを実感させてくれます。

ベランダで家庭菜園

プランターをいくつか置いて、チャレンジしてみましょう。トマトや枝豆、オクラ、大葉などが育てやすくておすすめです。

犬や猫

犬と連れ立っての散歩はなにより楽しい健康法ではないでしょうか。マイペースで気ままな猫の愛らしさは他に比べるものなし、です。

金魚や熱帯魚

水中をゆらゆらと泳ぐ色鮮やかで美しい姿は癒やしの特効薬です。夏は部屋中に涼やかな風を吹かせてくれるでしょう。

いらないものを手放す

現代人に共通しているのが、あり余るものが居住スペースを占領していて、生活が窮屈になっていることかもしれません。ルールをつくって、手放すことを検討しましょう。手放す目安は〝三年〟。洋服でも生活用品でも、三年間一度も着なかった、使わなかったものは、その後もデッドストックでありつづけます。

しかし、どんなものも縁があって手元にきたのですし、禅ではものにも命があると捉えます。ただ捨てるのではなく、命を生かしきることを考えましょう。必要としている友人に渡して使ってもらう、不足している地域に物資を送っているボランティア団体に寄付する、フリーマーケットに出す……。

そんな手放し方なら、手元を離れても、ものは誰かの役に立ちます。十分に使い込んで、もう使用に耐えなくなったものは捨てることになりますが、どれもが生活をどこかで支えてくれたものです。心のなかで感謝を告げて、しかるべき場所に処分しましょう。

再利用する

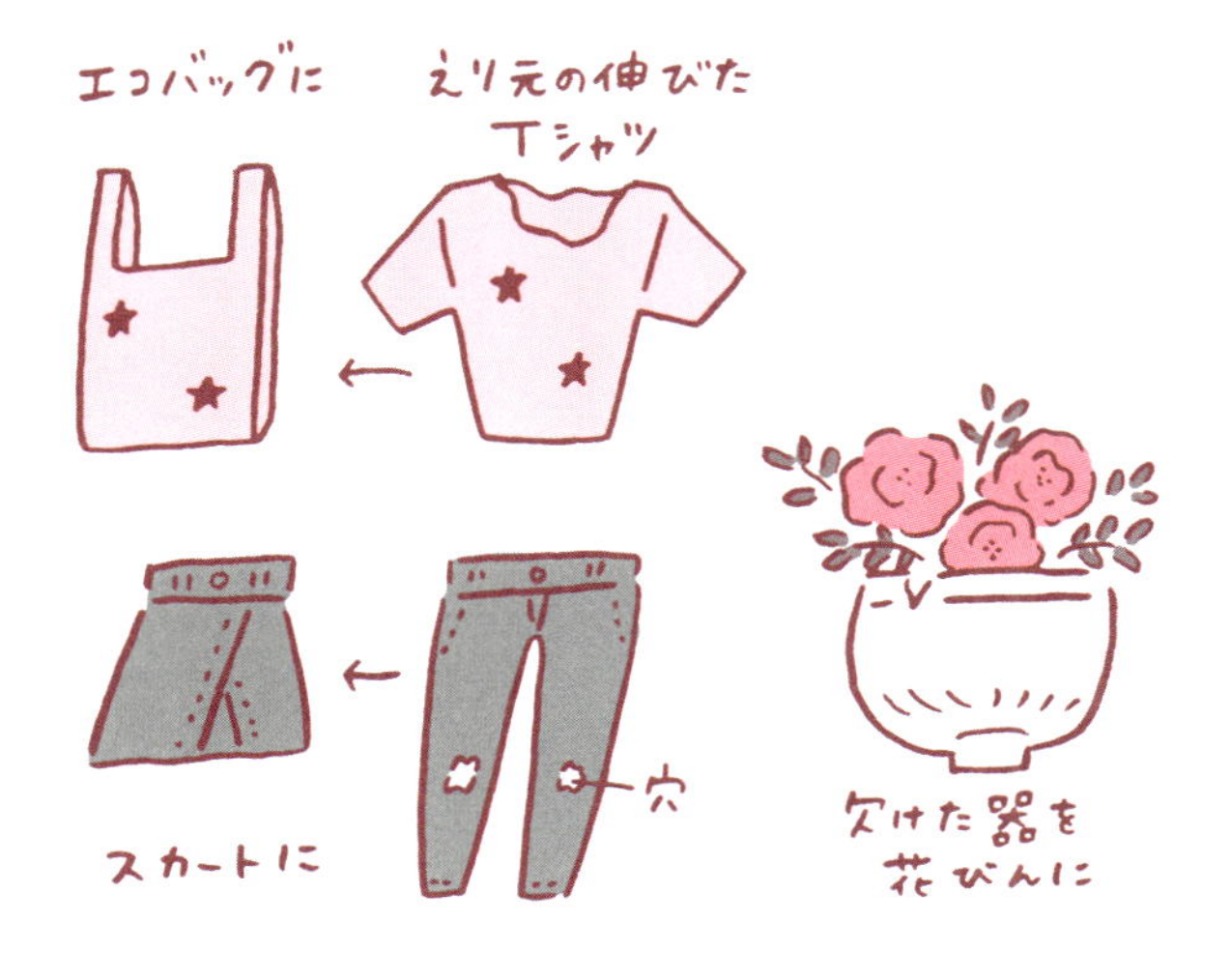

「見立て」はものを本来の使い方ではなく、別の使い方で〝生かす〟ことをいった禅語です。欠けた茶器を花びんにする、着ない洋服でクッションカバーをつくる。発想しだいで見立ての世界はいくらでも広がります。

本は図書館に寄贈

自治体の図書館は本の寄贈を受けつけていますが、書き込みがない、日焼けしていない……などの条件があるようです。事前に問い合わせて確認しましょう。

服を寄付する

ものを大切にすることだけでなく、誰かの役に立ってもらうことも「もったいない」の心の表現です。服のデッドストックは必ずあります。早速、チェックを。

やりたいことリストをつくる

忙しい毎日に忙殺されていると、つい自分の気持ちに鈍感になりがちです。そんなときは、やりたいことリストをつくってはいかがでしょうか。いまは人生100年時代。仕事の第一線を退いてからの時間をどう充実させるかが重要な課題ですので、それに備えることにもなるでしょう。

興味があること、やりたくてもできなかったことでも、もちろんいいですし、それまで苦手だったことにあえて挑戦するのもいい。わたしの知人にも歩く機会がほとんどなかったのに、一念発起して登山をはじめ、いまでは3000メートル級の山に挑んでいる女性がいます。

思いつくままにあげたら、最初にやりたいことをひとつに絞り込み、動き出しましょう。禅寺巡りであれば、各地の禅寺の資料を集めて読み込んでおく、外国旅行なら語学教室に通ったり、まずはガイドブックを読んでみるだけでもいいでしょう。やりたいことを実現するにに、まず一歩を踏み出すことです。

やりたいこと リスト

思いつくままに下の〝仕分け〟にしたがって、やりたいことをどんどん書き出してみましょう。小さなことでも、大きな目標でも、夢でも……遠慮はなしです。

苦手なこと

気になること

趣味のこと

仕事のこと

その他

叶えたい夢

疲れた日は「野菜食」の晩ごはん

禅の修行中の食事が野菜のみの精進料理であることをご存知の人は、少なくないかもしれません。野菜食のよさは身体（消化器系）にやさしく、心が穏やかになることです。疲れた心身を休めるのにまさにうってつけ。身体に負担をかけないせいか、肌の調子もよくなるように感じます。

休日の三食を野菜食にするのもいいですし、週のうちの一日、夕食だけは野菜食にするということでもいい。ぜひ、野菜食を取り入れてみましょう。

その際に心がけていただきたいのが、食材の野菜はすべて使い切る、ということです。

禅の食についての基本的な考え方は、食材はその食事に使う量だけを用意し、いっさいムダにしないということです。食材という〝命〟をいただくのですから、一部でも捨てたりしたら申し訳ない。生ゴミも出ないという現実的な利点もあります。この禅の心をもって、野菜食にトライしてみましょう。

たとえば大根なら…

首

首としっぽの部分は一番使い途がないと考えられがちです。しかし、干してよく乾燥させると、出汁の素材として十分活躍してくれます。

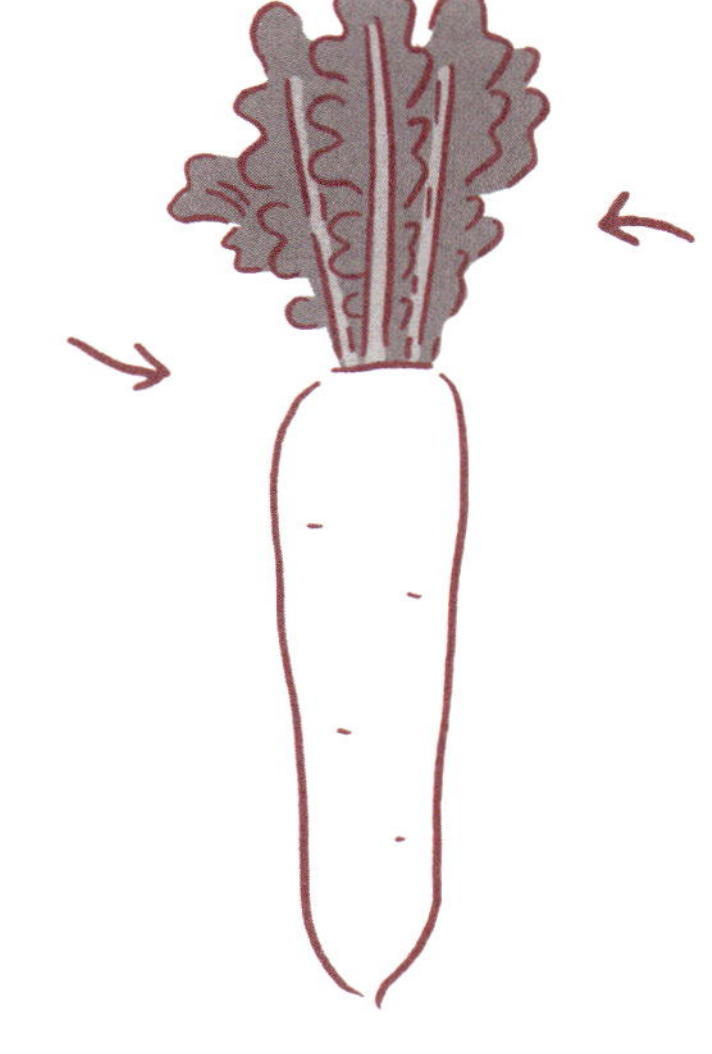

葉

しゃきっとした大根の葉の歯触りは、浅漬けに最適。味噌汁の具にしてもいいですし、煮物の付け合わせでもいい〝味〟を出します。

余ったら

日本にはぬか床というすごい〝発酵装置〟があります。放り込んでぬか漬けにしましょう。細切りにして乾燥させれば、切り干し大根にも。

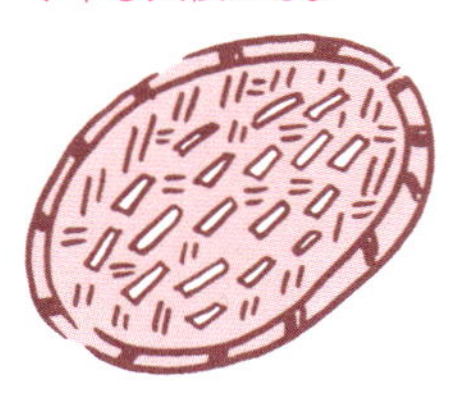

中身

ブリ大根、おでん、ふろふき大根など、煮物では主役級ですし、酢の物（なます）や蕎麦の薬味、焼き魚の付け合わせ、と使い方はじつに多彩。

皮

栄養価が高い大根の皮はニンジンの皮と合わせて「きんぴら」にしたらいかがでしょう。素朴で伝統的な〝おふくろの味〟の一品になります。

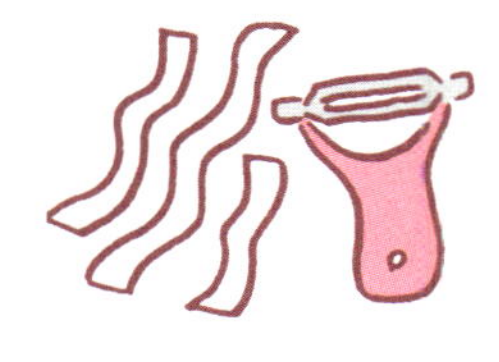

禅語でほっとひと息

帰家穏坐（きけおんざ）

家こそが本来の居場所です。
心からの安らぎを得るためにも、
帰って静かにすわるだけで落ち着く空間に
なるよう工夫しましょう。

part.5

夜の禅

一日を締めくくる夜の時間は心静かに、穏やかにすごしたいものです。そのために禅僧は坐禅をして眠りにつきますが、同じような心の状態をつくる、誰でもできる方法がいくつもあります。さわやかな朝を迎えるために、ぜひ！

禅語を書いてみる

夜、ゆったりと落ち着いた時間をすごすうえで有効なのが写経です。ふつう写経は『般若心経』という短いお経を写しますが、一字、一字を仏様に捧げるような気持ちで、心を込めて丁寧に綴っていきます。そうすることで、心が静まり、どこまでも穏やかになるのです。

短いといっても『般若心経』は260余りの文字数ですから、それなりの時間がかかります。そこでおすすめしたいのが禅語を書くこと。禅語は長いものでも10文字程度ですし、そのなかに禅の教え、智慧が凝縮されています。

できれば墨をすって筆で書くのがいいのですが、少し手間を省いて筆ペンを使ってもいいでしょう。

ポイントはたったひとつです。書こうとする、その一文字に集中して、丁寧に書くことです。うまく書こう、キレイに書こう、というのは〝邪念〟ですから、そこから離れて、ただひたすら〝丁寧〟に筆を運びましょう。

本来無一物

［ほんらいむいちもつ］

本来無一物

人間はなにももたずに生まれてきます。なにかを手放しても本来の姿にもどるだけです。

日々是好日

［にちにちこれこうにち］

日々是好日

経験によいも悪いもありません。どんな一日もかけがえのない「好日」なのです。

大道通長安

［だいどうちょうあんにつうず］

大道通長安

「長安」は悟りの境地。どんな生き方も一生懸命なら、みんな悟りに通じています。

平常心是道

［びょうじょうしんこれどう］

平常心是道

心は常に揺れ動いています。そのありのままを受け容れる。それが「平常心」です。

月を見る

禅では月を悟りの象徴、あるいは、真理をあらわすものと考えます。水面に映る天空の月は、水の流れがどんなに激しいものであっても、けっして流されることはありません。同じように、世の中がどんなに騒がしくても、乱れていても、微動だにしない、揺れ動くことがないのが悟りの境地です。

月はまた、清流にも澱んだ水面にも等しくその姿を映します。真理もあらわれるところを選ぶことはありません。そこいら中、いたるところに真理はあらわれているのです。

人は咲く花を愛で、散る花を惜しみます。しかし、咲く花も、散る花も、かたちは違いますが、等しく真理のあらわれなのです。大切なのはそのことに気づくことです。それは真理に触れることにほかならないからです。

月の光のやわらかく、澄み切って、静かな美しさは、他にたとえようがないほどです。眺める時間をもって真理への気づきを深めましょう。

月の禅語

水急不流月

［みずきゅうにしてつきをながさず］

水面に姿を映す月は、流れがどんなに急でも、流されることはありません。人の心もそうあるべきだ、という禅語です。たとえ世間がどう流れても、本来の自分を見据えて生きることの大切さをあらわしています。

吾心似秋月

［わがこころしゅうげつににたり］

これは中国・唐代の『寒山詩』の一節です。澄みきった秋の空に浮かぶ月は、喩えようもないほどに美しい。煩悩から離れた一点の曇りもない心は、その月のように光り輝いている。それこそ本来の心の在り様なのです。

掬水月在手

［みずをきくすればつきてにあり］

空に浮かぶ月はひとつ。しかし、水を手に掬えば、そのなかに月の姿があります。月を手中にできるように、たどり着けないと思われる真理も、惜しみなく努力をつづければ、みずからのものにできるという意味です。

風吹不動天辺月

［かぜふけどもどうぜずてんぺんのつき］

風が吹くと、すべてのものは動きます。地にある木々や草花は、吹く風の強さに添って動き、空にある雲も吹き流れていきます。そのなかにあって天辺の月はあくまで超然として動かない。それが煩悩に流されない姿です。

欲をおさえる「ひと呼吸」

欲は煩悩の最たるものですが、なかでも食欲と物欲はよく頭をもたげます。夕食をつい食べすぎてしまう。思い当たる人が少なくないでしょう。しかし、夕食後はあまりエネルギーを消費しません。それを踏まえれば、腹八分を守りたいもの。そのためにはゆっくり食べることです。時間をかけると、適度なところで満腹中枢が刺激されて食べすぎが防げます。

「欲しい」と思ったものはすぐに買ってしまう。衝動買いの誘惑は誰もが体験しているところでしょう。処方箋は「ひと呼吸」置くことです。その場では買わずに、いったん家に戻って本当に必要かどうかを考えるのです。

間を開けることで、気持ちも冷静になり、「欲しい」という思いにも歯止めがかかります。「知足(ちそく)」、足るを知る、つまり、「あるもので、もう十分だ」とするのが禅的な生き方です。いまあるものを大切にして長く使う。すると、ものに対する愛着が生まれ、それが心に安らぎをもたらしてくれます。

欲しいものがあるとき

ひと呼吸おいて
考えると…

冷静になり、本当に必要かを判断できます。必要なものを大切に長く使う。ものとは、そんなつきあい方をしませんか？

すぐ買うと…

手に入れると、すぐに別のものが欲しくなる。欲望の連鎖は永遠につづきます。断ちきることができるのは自分だけです。

9時以降は「情報デトックス」

本来、夜は休息という意味合いもありますから、静かに心地よくすごすべき時間でしょう。それを妨げる〝元凶〟は情報です。絶えず情報が入ってくる状態にあると、刺激を受けて心が平静でいられなくなる。「これ欲しい！」「あれおいしそう！」「素敵、このお店行ってみたい！」……という具合です。

情報のデトックスが必要です。時間を設定して情報を断つ。情報源はスマートフォン、パソコン、テレビですから、たとえば、9時以降はそれらをみんな「オフ」にしてしまうのです。ときには自宅に戻ったらいっさいオフ、あるいは、休日は一日中オフ、ということにしてもいいと思います。

最初はどこか違和感があるかもしれませんが、情報が入ってこない静かな時間の心地よさは格別です。情報に振り回されていたら味わえない、別次元の充実感がそこにあります。それは、心の大そうじ、心の洗濯のひととき、といっていいかもしれません。

情報デトックスしたら やりたいこと

部屋の隅々を掃除する

ふだんの掃除で目こぼししているかもしれない部屋の隅々をチェックし、集中してそこをキレイにする。夜の坐禅に匹敵する心クリーンアップのひとときです。

友だちに電話する

親しい声、懐かしい声は心をほっとあたためてくれます。他愛ない話でも、近況報告でも、長くても、短くても、聞きたい声をただ聞く。それがいいのです。

ストレッチやヨガで身体を動かす

軽く身体を動かすと、仕事で強(こわ)ばっていた筋肉もほぐれて、リラックス＆リフレッシュできます。そのあと、ゆっくりお風呂に入れば、安眠の準備は万端です。

こだわりの料理をつくる

簡単な料理をこだわってつくってみてはいかがでしょう。カレーのルーを手づくりする、トマトを潰してミートソースをつくる。楽しさもおいしさも倍増です。

寝る前に「小さな幸せ」を感じる

安らかな眠りに入っていけるかどうかは、直前の30分のすごし方にかかっています。ここで自分が一番心地よいと感じるのはどんなときかを考えてみてください。これは人それぞれでしょう。

30分間そのことをやる。心地よいことをしているときは、仕事や人間関係などの煩わしいことに考えがとらわれることもありませんから、身体も心もリラックスした状態にあります。〝入眠儀礼〟としてこれ以上にふさわしいものはないといっていいでしょう。

ただし、音楽を聴くのがなによりも心地よいからといって、ロックやアップテンポのジャズなど激しい曲調のものは避けること。気分が高揚して目がさえてしまいます。読書もミステリーなど〝先が気になる〟本は控えましょう。やめられなくなり、まんじりともせずに朝を迎えるということにもなりかねません。穏やかな気持ちになって、小さな幸せが感じられるものに限定です。

小さな幸せ

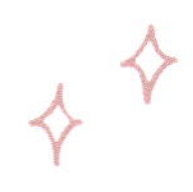

音楽を聴いて ぼーっとする

心地よいリズムやメロディの曲が流れる空間は、頭も心も空っぽにしてくれます。ボリュームは少し絞りぎみに。

ゆったりのんびり ストレッチ

大切なのは〝ほぐす〟こと。日中の活動で身体も心も硬くなっています。ゆるめてしなやかに整えてあげましょう。

お香や アロマを焚く

静かな心をつくるのに効果的なのは「香り」。ヒーリング系の音楽と森林系アロマの相性はまさにピッタリです。

坐禅で 無になる

禅の修行道場では就寝前に必ず坐禅（夜坐）をします。「只管打坐」、ただすわる。それだけで心が澄みわたってきます。

ぼんやり 詩集をながめる

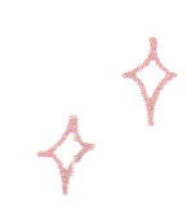

お気に入りの詩の言葉の響きに心をあずける。緊張が溶け出して心も身体もふわりと軽くなることでしょう。

今日の「ありがとう」と「ごめんなさい」を思い出す

一日を終えるにあたって、その日を振り返ってみるのも意義深いことです。感謝の気持ちが湧いたできごと、謝りたい思いになっている状況や場面を思い出しましょう。あらためて感謝を噛みしめることは、心をあったかく、豊かにしてくれます。失敗や、はからずも言葉で人を傷つけてしまったといったときなどは、心のなかで「ごめんなさい」をいうことで、そのことに決着をつけることができます。もう繰り返さない、という心がまえも固まるでしょう。

こんな言葉があります。「日々新又日新（ひびにあらたにしてまたひにあらたなり）」。すべてのものが毎日新しく生まれ変わっているという意味です。新しい日が明けると、命はみな生まれ変わり、空気や風などの自然も新たなものとなります。そんななかで人間だけが、前日のことを引きずっていたりする。

その日を省みる習慣をもつと、一日一日に〝けり〟がつき、翌朝はまっさらな自分でさわやかに目覚めることができます。

ごめんなさい

ありがとう

9時に
電話!!

ダイエット中
だったのに……

おつかれさま

明日が不安なときには

夜になると心に不安が広がって眠れなくなる。そんな人はいませんか？　わたしは闇の暗さが影響していると思うのですが、不安にとらわれるのはだいたい夜です。しかし、翌朝、明るい太陽の下でそのことと向き合うと、案外、「なぁんだ、たいしたことじゃないじゃないか」ということになるもの。そう、不安は翌日にもち越すのがいいのです。

お釈迦様は「生老病死」を四苦としましたが、老いや病気、死を思うと不安が掻き立てられるという人は少なくないでしょう。しかし、そのどれもが避けられないものです。誰にも必ずやってくる。そうであれば、受け容れるしかありません。「死ぬる時節には死ぬがよく候」。良寛さんの言葉です。老いも、病気も、死も、それが現実になったら、受け容れてその自分で一生懸命そのとき、その瞬間を生きていけばいい。一生懸命になれるのは過去でも、未来でもなく、〝いま〟しかないのです。いまを大切にせよ。禅の教えの根本です。

明日は
仕事が
忙しくなりそう
今日は
掃除できなかった
……
でも いまは
ふかふかのお布団で
幸せ〜

おわりに

さて、みなさんにとって今日はどんな一日でしたか？　イライラやモヤモヤが胸につかえていた、つらいこと、悲しいことがあった……。

そんな日には、30分間自分にとって一番心地よいことをして、「小さな幸せ」を感じてください（P136参照）。

心地よいことをしている時間に、心を縛っているもの、心にわだかまっていることが、ひとつずつ剥がれ落ちていきます。小さな幸せ感で心全体が満たされるのです。

そして、どんなことがあった日も、その日の自分でなければできなかった貴重な経験をすることができた〝かけがえのない日〟である（日々是好日）、と捉えることができます。

心地よいことをしてすごす時間もそうですが、大切なのはすべてにおいて、「いま」に集中することです。過ぎ去ってしまった過去やまだ訪れてもいない未来に思いを向けるのはやめましょう。できることは「いま」にしかないのです。

「禅即行動」です。本書のどこでもいい、ひとつ実践してみてください。それは必ず、日々を心穏やかにすごすことに、そして、幸せな人生を紡いでいくことにつながるはずです。

合　掌

二〇一九年二月吉日　　建功寺方丈にて　　枡野俊明

STAFF

構成　コアワークス（吉村 貴　水沼昌子）
装丁・デザイン　細山田光宣　南 彩乃　鈴木沙季（細山田デザイン事務所）
イラスト　ヤマグチカヨ
校正　東京出版サービスセンター
編集　森 摩耶（ワニブックス）

一日一禅！　今日からはじめる
ゆる〜い禅

枡野俊明 著

2019年3月28日　初版発行

発行者　横内正昭
編集人　青柳有紀

発行所　株式会社ワニブックス
〒150-8482
東京都渋谷区恵比寿4-4-9
えびす大黒ビル
電話　03-5449-2711（代表）
03-5449-2716（編集部）
ワニブックスHP
https://www.wani.co.jp/
WANI BOOKOUT
http://www.wanibookout.com/
印刷所　株式会社光邦
DTP　株式会社三協美術
製本所　ナショナル製本

ISBN978-4-8470-9781-2